Die letzten Paradiese im Westen Deutschlands

Die sagenumwobenen Externsteine im Nationalpark Teutoburger Wald/Eggegebirge

Die letzten Paradiese im Westen Deutschlands

Das Handbuch der Natur- und Nationalparks in Nordrhein-Westfalen, Hessen, Rheinland-Pfalz und im Saarland

Stefan Feldhoff · Ulrich Gohl · Dr. Peter Göbel · Anne Christine Martin · Bernhard Pollmann · Bernd Weiler

BRUCKMANN

Inhaltsverzeichnis

Die Üfter Mark ist ein wahres Naturerlebnisgebiet.

Die landschaftlich reizvolle Umgebung des mittelalterlichen Kronenburg

Künstliche Landschaft aus dem 19. Jahrhundert: der Felsenweiher in Ernzen

Einführung

Die Vielfalt der Naturlandschaften in Deutschland ist ein wahrer Schatz, den es auch für die folgenden Generationen zu erhalten gilt. Der Bogen spannt sich von den Küsten der Nord- und der Ostsee mit ihren Inseln bis zu den majestätisch aufragenden Alpen von Berchtesgaden bis zum Allgäu. Dazwischen dehnen sich die reizvolle Norddeutsche Tiefebene und abwechslungsreiche Mittelgebirgslandschaften.

Fast 30 Prozent der Fläche Deutschlands ist von Großschutzgebieten bedeckt, die seit 2005 unter der Dachmarke »Nationale Naturlandschaften« vereint sind. Diese Dachmarke wurde von EUROPARC Deutschland und dem Verband Deutscher Naturparke mit Unterstützung der Deutschen Bundesstiftung Umwelt, Natur und Reaktorsicherheit sowie des Bundesamtes für Naturschutz und von zahlreichen Bundesländern entwickelt. Informationen über die Naturparks, Nationalparks und Biosphärenreservate sind über das Internet unter *www.nationale-naturlandschaften.de* zu erhalten.

Den größten Anteil haben die **Naturparks**, die zum Schutz besonders reizvoller Kulturlandschaften geschaffen wurden. Eine schonende Nutzung der Flächen ist im Naturpark erwünscht, ja sogar notwendig. Inmitten dieser reizvollen Erholungslandschaften gebührt den ebenfalls geschützten historischen Stätten und gewachsenen Ortsbildern besondere Beachtung.

Im **Nationalpark** steht der Schutz der Natur im Vordergrund, die entweder nur in geringem Maß oder überhaupt nicht durch den Eingriff des Menschen verändert wurde. Während sich in der Kernzone des Nationalparks die Lebensgemeinschaften mit ihrer Tier- und Pflanzenwelt ungestört entwickeln, greift der Mensch außerhalb der Kernzone im Nationalpark zu Schutzzwecken ein.

Die **Biosphärenreservate** dienen vor allem der Erforschung, wie sich der Eingriff des Men-

schen auf den Naturhaushalt auswirkt. Diese Gebiete überschneiden sich gelegentlich mit den Gebieten, die als Natur- oder Nationalpark ausgewiesen sind.

In diesem Buch werden die »Nationalen Naturlandschaften« im Westen Deutschlands vorgestellt, die vom Weserbergland im Norden über die Südeifel im Westen und das Hessische Bergland im Osten bis in den Pfälzerwald im Süden reichen. Von urigen Schlangenbuchen und seltensten Nattern, von mit Blüten übersäten Narzissenwiesen und lichten Karpatenbirkenwäldern, von fachwerkbunten Städtchen und grau verwitterten Monumenten der Keltenzeit bis hin zu den jüngsten Vulkanen auf deutschem Boden – im Westen gibt es noch viel Neues zu entdecken!

Es kommt dabei vor allem darauf an, die Schönheiten der Großschutzgebiete in Augenschein zu nehmen, ihre speziellen Charakteristika vorzustellen und Wege zu zeigen, wie man diese Naturschönheiten auf Spaziergängen, Wanderungen oder Radtouren hautnah erleben und genießen kann.

Unbedingt zu beachten sind beim Besuch dieser Großschutzgebiete die geltenden Regeln, die auf Tafeln an Rastplätzen, Wanderparkplätzen und anderen Stellen sichtbar sind. Prinzipiell gilt, nur auf den dafür ausgewiesenen Flächen zu parken, die markierten Wege nicht zu verlassen und Rücksicht auf Tier- und Pflanzenwelt zu nehmen.

Das Dahner Felsenland lockt auch mit weiten Wäldern.

Das Massiv des Rotenfels

Eine Landschaft und ihr Strom: Blick von Assmannshausen über den Rhein

Die letzten Paradiese

1 Naturpark Weserbergland

Tropfsteinhöhlen, ein steinerner Baum und Perlen der Weserrenaissance

ANFAHRT
Auf der A 2 bis Bad Eilsen, dann auf der B 83 bis Bückeburg; nächstgelegene ICE-Bahnhöfe: Hannover, Minden

LAGE
In Niedersachsen beiderseits der Oberweser zwischen Bodenwerder und Rinteln sowie im Grenzsaum zwischen Mittelgebirgsraum und Norddeutscher Tiefebene

GRÖSSE
1160 km²

HÖCHSTE ERHEBUNG
Hohe Egge (441 m)

GRÜNDUNG
1975

INFORMATION
Naturpark Weserbergland, Süntelstr. 9, 31785 Hameln

TELEFON
05151/903 93 07

INTERNET
www.naturpark-weserbergland.de

Das Weserbergland, durch das sich der Strom von Münden bis Minden zieht, ist kein kompaktes, in sich geschlossenes Gebirge wie etwa der Harz, sondern ein aus vielen kleineren Höhenzügen, Becken und Senken zusammengesetztes Landschaftsmosaik. Etwa zwei Dutzend Naturräume vereint der Fluss am Oberlauf in seinem Einzugsgebiet. Davon gehört zwar nur ein halbes Dutzend ganz oder teilweise zum Naturpark, sie sind aber neben dem Rinteln-Hameler-Wesertal als durchgängiger Achse selbst in kleinere Bergländer wie Pyrmonter oder Calenberger Bergland gegliedert. So ändert sich ständig das Landschaftsbild des Naturparks Weserbergland, markante Schichtstufen und Schichtkämme wechseln mit weiten Flussauen und Niederungen.

Entdeckungen im Buchenland Von Natur aus und von den wenigen Felsen oder Flussauen abgesehen ist das Weserbergland ein Wald- bzw. Buchenland. Vielleicht steckt die Buche ja auch im Namen des Residenzstädtchens ➠ **Bückeburg** ❶, das am Nordfuß des Wesergebirges liegt und aus einer Wasserburg als historischer Keimzelle hervorging. Fürst Ernst und seine Nachfolger ließen die Burg (ab dem 17. Jh.) zur Residenz mit Schlosskapelle und -park ausbauen. Schmuckstück des Schaumburger Lands ist die monumentale Stadtkirche, eine der bedeutendsten evangelischen Kirchenbauten vor Ende des Dreißigjährigen Kriegs. Europaweit einzigartig präsentiert das Hubschraubermuseum rund 40 Originalhelikopter.

Beim Bau der Bückeburger Stadtkirche wurde Sandstein aus den Brüchen von **Obernkirchen** ❷ verwendet. Damit gehört das Gotteshaus zu einem exklusiven Kreis von Bauwerken in aller Welt, deren Bild der weißliche bis goldgelbe, feinkörnige und feste Quarzsandstein seit dem 12. Jahrhundert prägt. Die Brüche befinden sich beiderseits der Straße, die vom Stadtteil Krainhagen auf dem Kamm der Bückeberge verläuft und an einem Wanderparkplatz endet. Heute tritt der Sandstein auf einem Bergkamm zutage; gebildet hat er sich vor rund 140 Millionen Jahren in einer flachen Senke, durch die Saurier stapften. Über die Geschichte des Sandsteinabbaus und der eingestellten Steinkohle-Förderung informiert das Berg- und Stadtmuseum (www.obernkirchen.de).

Eine wahre Perle der Weserrenaissance: die Hämelschenburg in Emmerthal

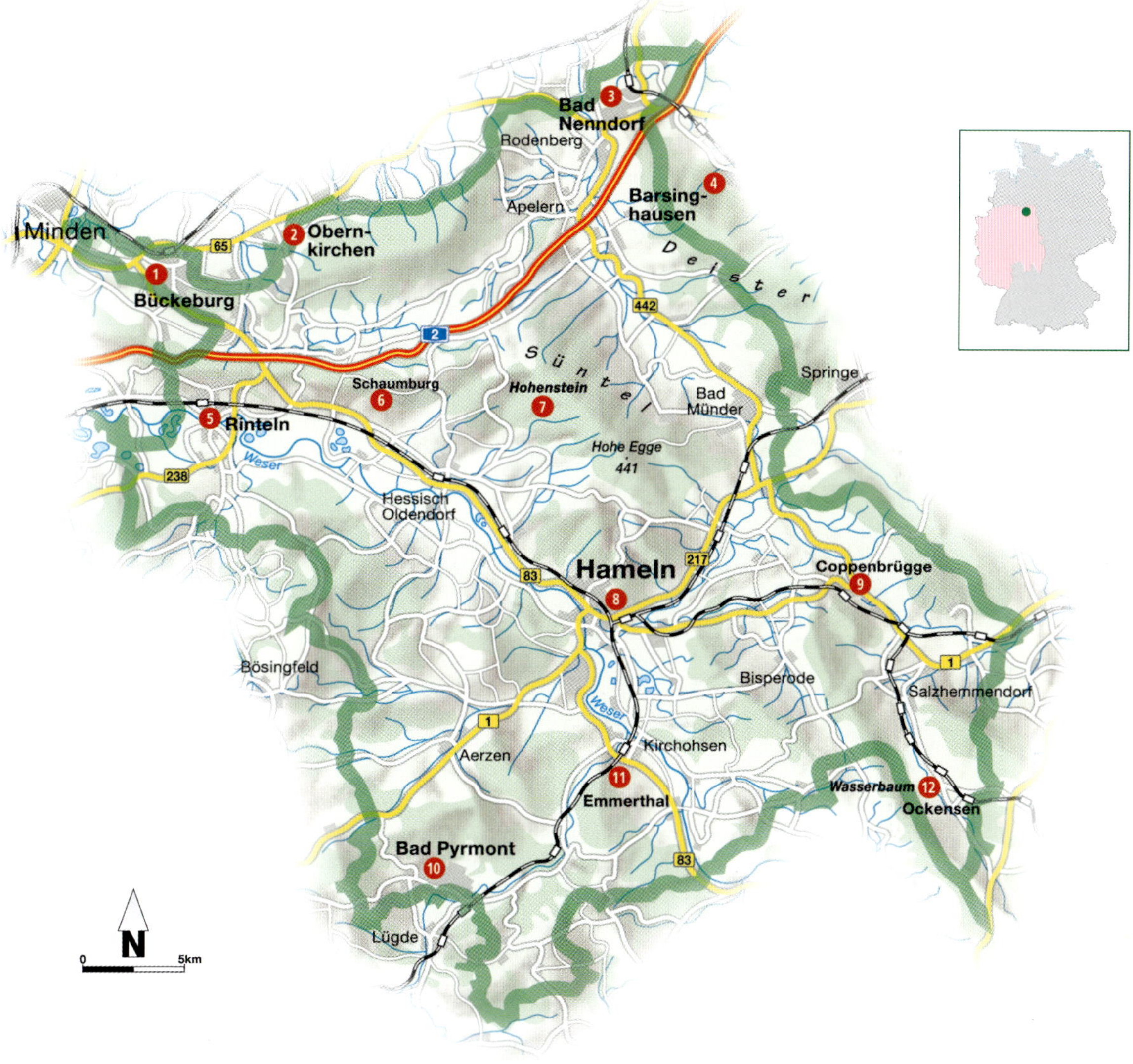

Durch seine Schwefelquellen, die zu den stärksten Europas zählen, ist **Bad Nenndorf** 3 seit Ende des 18. Jahrhunderts als Kurort bekannt. Aus diesem und dem folgenden Jahrhundert stammen der Kurpark mit der Süntelbuchenallee, das Schlösschen und der Brunnentempel. Im Umkreis der Kraterquelle direkt an der B 65 Richtung Stadthagen riecht es nicht nach Schwefel: Das sprudelnde Quellwasser enthält gelösten Kalk. Das Karbonat scheidet sich als Kalktuff aus und bildete im Lauf der Zeit einen Ringwall mit einer kraterartigen Vertiefung.

Stollen und Höhlen Das Wappen der alten Stadt **Barsinghausen** 4 zeigt einen Hirsch, einen Mühlstein sowie Hammer und Schlägel. Die Symbole stehen für den wildreichen Deister, zu dessen Füßen der Ort liegt, für den hochwertigen Deistersandstein und den jahrhundertelang betriebenen Steinkohlenbergbau. Rund 100 Jahre war der Klosterstollen in Betrieb; heute dient er als Besucherbergwerk mit Bergbaumuseum. Mit der Grubenbahn und zu Fuß kann man die unterirdische Welt erkunden (www.klosterstollen.de). Der Deistersandstein wurde schon viel früher gebrochen, als die Kohle gefördert wurde. Aus Sandsteinquadern besteht auch die ehemalige, romanisch-gotische Klosterkirche (13. Jh.), eine der ältesten Hallenkirchen Niedersachsens. Wald- und wildreich ist der Deis-

SÜNTELBUCHE

Fagus sylvatica var. Suentelensis

Die markante Varietät der Rotbuche hat ihren Namen vom Süntel, wo sie z. B. auf dem Dachtelfeld oder am Hohenstein 7 wächst (s. auch www.suentelbuchen.de). Der volkstümliche Name »Schlangenbuche« beschreibt die skurrile Wuchsform mit verkrüppelten, verdrehten Stämmen und Ästen am anschaulichsten. Die Ursachen dieser Wuchsform sind umstritten. Unter den vielen Theorien könnte die von der Anpassung an einen zeitweiligen Wassermangel vielleicht zutreffend sein.

ter bis heute geblieben – und ein Wanderparadies, z. B. für Touren am Deisterkammweg oder zum 1862 erbauten Nordmannsturm.

Auch die frühere Festungsstadt **Rinteln** 5 zeigt eine Fülle sehenswerter historischer Bauten, z. B. das ehemalige Rathaus und der einstige Münchhausen-Hof, Meisterwerke der Weserrenaissance. Dass sich diese Stilform im Wesergebiet zur Blüte entwickelte, liegt nicht zuletzt an den Vorkommen bester Werksteine beiderseits der Oberweser, etwa im Wesergebirge nördlich der Stadt. Dort befindet sich im Rintelner Stadtteil Steinbergen die Erlebniswelt Steinzeichen (www.steinzeichen.de), in der sich alles um das faszinierende Naturphänomen Stein dreht. Tonnen schwere Klötze aus Granit und Gneis, die die eiszeitlichen Gletscher aus Nordeuropa ins Weserbergland verfrachtet haben, sind im Findlingsgarten Möllenbeck bei Rinteln zu bewundern. Möllenbeck besitzt mit seinem Kloster auch eine der besterhaltenen mittelalterlichen Klosteranlagen Deutschlands.

Der Hohenstein am südlichen Rand des Süntels zeigt markante Kalksteinklippen.

Gegenüber, auf dem Nesselberg am Rand des Wesergebirges, thront seit über 800 Jahren die **Schaumburg** 6, Wahrzeichen des Schaumburger Lands. Heute als Restaurant genutzt, bietet sie einen herrlichen Ausblick auf das Wesertal. Über die B 83 und eine Kreisstraße sind Ort und fürstlicher Aussichtspunkt mit dem Auto bequem zu erreichen.

Die Anfahrt zum ➠ **Hohenstein** 7 am südlichen Rand des Süntels endet von Hessisch Oldendorf her beim Wanderparkplatz Baxmannbaude an der Straße Segelhorst–Zersen. Von dort geht es bergan zu einem Brunnen, dann steil über einen Klippensteig auf die Kante der mit gut 40 Metern höchsten Felswand Norddeutschlands. Der Abblick von Hirschsprungwand oder Teufelskanzel ins sagenumwobene Blutbachtal ist fantastisch. Ausgerechnet an dieser sonnenüberfluteten Felswand findet man botanische Relikte aus dem Eiszeitalter. In den schroffen Klippen aus Korallenoolith, einem leicht löslichen Kalkstein, bilden sich Karsthöhlen, wie die 1992 entdeckte Schillat-Höhle bei Langenfeld (3 km nördl. von Zersen). In einem verglasten Aufzug fährt man 45 Meter hinab in eine Märchenwelt aus bizarren Tropfsteinen und funkelnden Kristallen (www.schillathoehle.de).

Weserrenaissance, ein Gas-See und ein Wasserbaum Die Weser, in die der Rattenfänger von ➠ **Hameln** 8 die Nagerkolonne führte, war für die Bürger der Stadt eine kräftig sprudelnde Geldquelle. Die vielen prächtigen Patrizierhäuser machen die Rattenfängerstadt auch zur Stadt der Weserrenaissance: z. B. Rattenfängerhaus oder Rattenkrug, Dempter- und Leisthaus sowie das Hochzeitshaus (17. Jh.), an dessen Fassade sich die Figuren des Rattenfängerspiels bewegen.

Mediterranes Ambiente im Kurpark von Bad Pyrmont

Nach dem Ort, an dem die Kinder verschwanden, haben Forscher intensiv gefahndet. Eine Spur führt nach **Coppenbrügge** 9, wo die Kleinen von einem Erdrutsch an den Hängen des Ith verschlungen worden sein sollen – nichts Ungewöhnliches an den steilen Flanken des lang gestreckten Schichtkamms. Beim Anblick von Felsklippen wie Wackelstein, Mönchstein oder Zwillingen, fragt man sich ohnehin, warum sie nicht längst abgestürzt sind. Ein Rundwanderweg (19 km) erschließt vom Bahnhof Coppenbrügge die nördlichsten Ausläufer des Schichtkamms, führt durchs Naturschutzgebiet Saubrink-Oberberg zur Teufelsküche. Auf voller Länge (28 km) kann man auf dem Kammweg über den Grat wandern.

Vulkanische Erscheinungen sind im oberen Weserbergland recht häufig, im unteren dagegen sehr selten. Die sicherlich spektakulärste besitzt das traditionsreiche Heilbad ➡ **Bad Pyrmont** 10: eine Mofette, eine Gasquelle, in der Kohlendioxid trocken (nicht als Kohlensäure im Grundwasser gelöst) austritt. Das Gas, deutlich schwerer als Luft, füllt die kesselartige Vertiefung im ehemaligen Steinbruchgelände an der Bismarckstraße bis zu einer bestimmten Spiegelhöhe auf. Bei Führungen in der Dunsthöhle werden brennende Kerzen unter den Kohlendioxidspiegel getaucht – sie erlöschen, da der Sauerstoff fehlt. Der Pyrmonter Kurpark ist vor allem durch seinen Palmengarten berühmt. Zahlreiche exotische Gehölze vom Amberbaum bis zur Zaubernuss zieren auch den Ohrbergpark (45 ha) in **Emmerthal** 11. Der Park von 1817 lohnt besonders im Frühjahr, wenn die Sträucher blühen, einen Besuch. Zum zauberhaften Schloss Hämelschenburg, ebenfalls in Emmerthal, gehören ein Minnegarten, eine historische Wassermühle und ein Gestüt mit Trakehnern.

Der ➡ **Wasserbaum von Ockensen** 12 besteht mit seinen ca. fünf Metern Höhe nicht aus Holz, sondern aus Gestein; er besitzt keine Äste und Blätter und wächst trotzdem. An seiner Spitze sprudelt Wasser, was das einmalige Naturphänomen erklärt: Im Kern des Stamms steckt das hölzerne Überlaufrohr eines vor gut 100 Jahren anlegten Stauteichs. Aus dem kalkhaltigen Wasser scheiden sich nach und nach dünne Schichten von Kalksinter aus und lassen den Baum so in die Höhe wachsen. Der Vorgang der Ausscheidung wird durch angesiedelte Moose, die dem Gebilde die grünen Farbtöne verleihen, deutlich beschleunigt.

2 Naturpark Hohe Mark

Wasserschlösser, Heidelandschaft und wilde Pferde

ANFAHRT
Auf der A 31 bis Ausfahrt Reken, dann nach Heiden; oder auf der A 3 bis Ausfahrt Rees, weiter über die B 67 bis Borken, von dort nach Heiden; nächstgelegene ICE-Bahnhöfe: Essen, Recklinghausen

LAGE
Im nordwestlichen Nordrhein-Westfalen am Übergang von Münsterland, Ruhrgebiet und Niederrhein

GRÖSSE
1040 km²

HÖCHSTE ERHEBUNG
Stimberg (154 m)

GRÜNDUNG
1963

INFORMATION
Naturpark Hohe Mark, Hagenwiese 40, 46348 Raesfeld

TELEFON
02865/609 10

INTERNET
www.naturpark-hohemark.de

Die waldreichen Hügel der Hohen Mark über der Lippeniederung bei Haltern am See sind Mittelpunkt und Namensgeber des Naturparks. Die zentrale Wasserader ist die Lippe, deren bedeutendster Zufluss, die Stever, kurz vor seiner Mündung zum Halterner See aufgestaut wurde. Über diesen Kernbereich hinaus umfasst der Naturpark die Wälder, Grünfluren und Dünen beiderseits der Lippe bis zu ihrer Mündung in den Niederrhein und zieht sich vom Diersfordter Forst bei Hamminkeln ostwärts bis zur Rauschenburg an der Lippe zwischen Olfen und Datteln. Stimberg im bewaldeten Hügelland der Haard bei Oer-Erkenschwick und Waldbeerenberg in der durch Trockentäler gegliederten Hohen Mark bilden die höchsten Erhebungen.

Die sagenumwobenen Teufelssteine In den Wäldern bei Heiden liegen die berühmten ➡ **Düwelsteene** ①, eine aus Findlingen errichtete Megalithanlage, die als Überreste eines Steinkammergrabs der Trichterbecherkultur (2200–1800 v. Chr.) gedeutet wird. In der Mitte der nordost-südwestwärts ausgerichteten Anlage (21 m lang, ca. 2 m breit) erhebt sich wie ein Totem eine Eiche. An Wochenenden sind die Düwelsteene ein beliebtes Ausflugsziel.

Wildpferde und -Hirsche in freier Wildbahn Die Wildpferdebahn im ➡ **Merfelder Bruch** ② ist eine der ältesten (bereits 1316 erwähnt) und bedeutendsten in Europa und besteht dank der Herzöge von Croy heute noch. Mehr als 300 Wildlinge, die letzten Nachkommen der Wildpferde Westfalens, leben in dem Naturschutzgebiet (350 ha) mit Grünflächen, Feuchtwiesen und urwaldähnlichen Schutzwäldern. Jährlich am letzten Maisamstag werden die einjährigen Hengste versteigert (www.wildpferde.de).
Der im englischen Stil angelegte, frei zugängliche ➡ **Wildpark der Herzöge von Croy** ③ vor den westlichen Toren Dülmens ist einer der größten (250 ha) und schönsten Landschaftsparks im Münsterland. Ihn prägt der

Typischer Anblick im Münsterland: das Wasserschloss Raesfeld

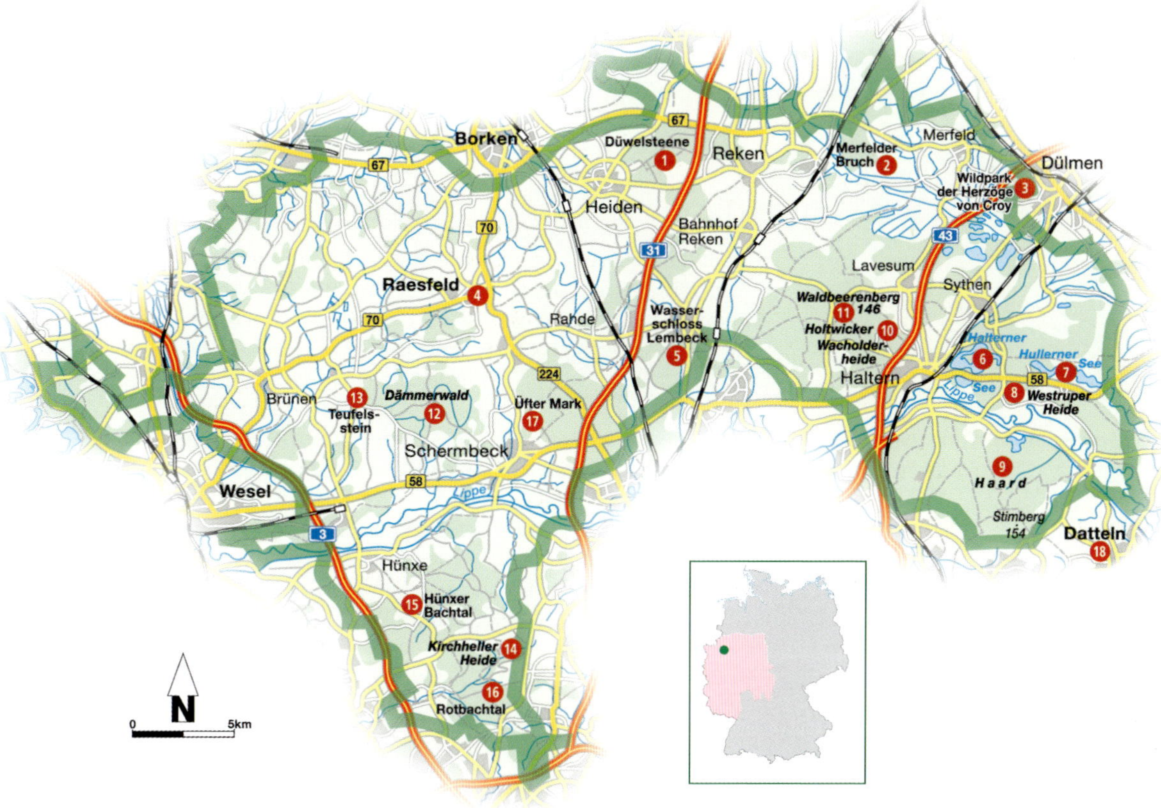

Wechsel von Buchen-Eichen-Mischwäldern, Weide- und Wiesengründen, Feuchtbiotopen, Fichten- und Kiefernhainen. Damwild, Schafe und Heidschnucken leben hier völlig frei.

Pracht aus Renaissance und Barock ➡ **Raesfeld** (14.–17. Jh.) 4 eine der prachtvollsten Wasserschlossanlagen Westfalens. Heute residiert im Schloss die Akademie des Handwerks, und das Restaurant im historischen Rittersaal ist weithin bekannt. Ein Naturparadies ist der um 1650 angelegte Tiergarten mit Heide, Hochwald, Bächen, Quellen, einer alten Wassermühle, Rot- und Damwild; hier steht auch das Info- und Besucherzentrum Tiergarten Schloss Raesfeld.

Das **Wasserschloss Lembeck** 5 mit seinem Landschaftspark zählt zu den schönsten Barockanlagen Westfalens und ist ein beliebtes Ausflugsziel. Ab 1692 wurde die mehrflügelige Anlage als Nachfolgebau einer Turmhügelburg (13. Jh.) errichtet. Zu den Höhepunkten zählen der Festsaal sowie die prachtvollen Parkanlagen. Vor- und Hauptburg erstrecken sich auf Inseln in einem großflächigen Teich und sind umgeben von Parkanlagen und Wäldern. Besonders farbenprächtig ist der Park zur Zeit der Rhododendronblüte.

Zu Fuß, per Rad oder mit dem Kajak Die westlich der Stadt Haltern gelegenen Halterner Seen zwischen den Wäldern der Hohen Mark, der Borkenberge und der Haard sind das abwechslungsreichste Wander- und Erho-

Die sagenumwobenen Düwelsteene in der Nähe von Heiden

Die berühmten Wildpferde kann man im Merfelder Bruch bewundern.

lungsgebiet im Naturpark. Der **Halterner See** ❻ entstand 1930 durch Aufstauung des Mühlenbachs und der Stever vor ihrer Mündung in die Lippe. Auf einer Fläche von ca. 300 Hektar werden heute rund 20 Mio. Kubikmeter Wasser gestaut: ein bedeutender Teil als Trinkwasserreservoir und kleinere Bereiche als Freizeit- und Wassersportareale, wie z. B. das Strandbad.

Der weiter steveraufwärts gelegene ➠ **Hullerner See** ❼ am Fuß der Borkenberge ist ein Wanderparadies. 1991 gründeten hier Kormorane ihre erste Kolonie in Westfalen; jeden Herbst haben sie hier einen bedeutenden Rastplatz. Daneben lassen sich auch Haubentaucher, Graureiher, Gänse und Reiherenten beobachten. Benannt ist der Trinkwasserstausee nach dem 1313 erstmals erwähnten Dorf Hullern.

Direkt südöstlich des Halterner Sees erstreckt sich die **Westruper Heide** ❽ mit ihren über 1000 bis zu fünf Meter hohen Wacholdern. Von August bis Anfang September verwandeln sich die Heideflächen, die durch Schafe von Verwaldung freigehalten werden, in ein violettes Blütenmeer. Bis ins späte 19. Jahrhundert waren die ausgedehnten Dünenfelder, die auf der Niederterrasse der Lippe vorkommen, noch überwiegend von Heide bedeckt – der bedeutendste Rest ist die Westruper Heide. Östlich davon verbirgt sich in Nadelforsten das kleine Naturschutzgebiet Wacholderdüne Sebbelheide (1,9 ha).

Unweit des Hullerner Sees erstreckt sich die bewaldete Hügelgruppe der **Haard** ❾ mit dem Stimberg (154 m) als höchster Erhebung, mit seinen Quarzitbänken eine geologische Attraktion. 34 Rundwanderwege führen durch das nahezu unbesiedelte Waldrevier, in dem drei Feuerwachtürme einmalige Panoramen des Lippetals und bis zu den Baumbergen, dem »Olymp« des Münsterlands, bieten. Auch für Reiter und Walker ist die Haard ein Eldorado.

Von den »Hexenbuchen« zum Teufelsstein

Die **Holtwicker Wacholderheide** ❿ liegt am **Waldbeerenberg** (146 m) ⓫, der mit einem Funkturm besetzten zweithöchsten Erhebung des Naturparks. Ein Spaziergang durch dieses winzige, eindrucksvolle Naturschutzgebiet lässt sich mit einem Abstecher zu den

Der Halterner Stausee, ein beliebtes Naherholungsziel der Region

»Hexenbuchen« verbinden: stattliche Süntelbuchen, die einen Kreis von 50 Metern Durchmesser bilden, ca. 300 Jahre alt sind und Stammstärken von bis zu drei Metern erreichen.

Der **Dämmerwald** ⓬ zwischen dem Mühlendorf Schermbeck und der Klosteridylle von Marienthal an der Issel ist eines der größten erhalten gebliebenen Naturwaldgebiete auf den flachen niederrheinischen Sandplaten. Schon 1136 wird er als »Demmerwalt« erstmals urkundlich erwähnt. Die Bäume in den naturnah bewirtschafteten Eichen- und Buchenmischwäldern sind vielfach über 100 Jahre alt, an der »Dicken Buche« führt der Hauptwanderweg vorbei zum Rastplatz am Jakobsbrunnen. Zahlreiche Bachläufe schlängeln sich in unbegradigten Mäandern durch den Wald. Die höhlenreichen Althölzer und Totholzstämme bilden ideale Brutmöglichkeiten für Schwarzspechte, und auch Pirol, Nachtigall und Wespenbussard schwirren durch den Dämmerwald.

In den aussichtsreichen Wiesen- und Feldfluren vor dem Südwestrand des Dämmerwalds liegt bei Malberg der geologisch interessante Quarzitblock **Teufelsstein** ⓭, der auf ein Alter von 10 bis 25 Mio. Jahre geschätzt wird. Der Sage nach sind die zahlreichen Löcher und Rillen Krallenspuren des Teufels, die Wissenschaft deutet sie als Relikte verrotteter Baumwurzeln.

Das Waldgebiet **Kirchheller Heide** ⓮ auf den grundwassernahen, feuchten Sandplaten südlich der Lippe, seit dem Mittelalter entwaldet und weitflächig verheidet, wurde zu Beginn des 20. Jahrhunderts mit Nadelhölzern aufgeforstet und entwickelte sich in den 1990er-Jahren zu einem bedeutenden Naherholungsrevier am Nordrand des Ruhrgebiets. Heute verfolgt der Regionalverband Ruhr das Ziel, die Nadelforste in eine standortgerechte Laubwaldgesellschaft zurückzuentwickeln, so wie sie in den Bachtälern von Specht-, Schwarz- und Rotbach als Auenwaldsäume erhalten sind.

Diese drei Bachtäler sowie das Naturschutzgebiet **Hünxer Bachtal** ⓯ und der renaturierte Gartroper Mühlenbach im angrenzenden Hünxerwald sind die Naturparadiese dieses Waldgebiets. Hauptausgangspunkt für Ausflüge ist das Freizeitzentrum Grafenmühle im **Rotbachtal** ⓰.

NATURWILDPARK GRANAT

Dieser liegt westlich von Haltern in den Wäldern der Hohen Mark im Nordwesthang des Waldbeerenbergs ⓫. Rund 500 Tiere erwarten kleine und große Besucher auf ca. 600 000 m²: u. a. Mufflons, Murmeltiere, Rot- und Sikahirsche bewegen sich frei in dem hügeligen, waldreichen Gelände. In Volieren und Gehegen leben Pfaue, Strauße, Kängurus und Wildschweine (www.naturwildpark.de).

Naturerlebnisgebiet und größtes Wasserstraßenkreuz Europas Der dritte große Waldkomplex ist der ehemalige Forst »Gewerkschaft Augustus« nordöstlich von Schermbeck. Dort erwarb der Regionalverband Ruhr 2002 das Waldgebiet ➠ **Üfter Mark** (1500 ha) ⓱ von einem Industriekonzern mit dem Ziel, es in ein ökologisch orientiertes »Naturerlebnisgebiet« umzuwandeln. Kleine Moore, Feucht- und Nasswälder, Stillgewässer, Binnendünen und kleinflächige Wacholderheiden prägen neben alten Eichenwäldern und Kiefernforsten die Landschaft.

Viele Pflanzen und Tiere haben hier ein Rückzugsgebiet gefunden: u. a. Torfmoose und Sonnentau, Moorfrösche, Ziegenmelker und Raubwürger sowie die äußerst seltene Bechsteinfledermaus und der Abendsegler. Naturerlebnisweg, Schulwaldforum, Rotwildbeobachtungskanzeln, Rad- und Reitwege sowie ein Infozentrum machen dieses (barrierefreie) Naturparadies erlebbar.

Die Stadt **Datteln** ⓲ am Ostrand des Naturparks liegt am größten Wasserstraßenknotenpunkt Europas. Hier münden Wesel-Datteln- und Datteln-Hamm- in den Dortmund-Ems-Kanal, etwas weiter südlich mündet in Waltrop-Henrichenburg der Rhein-Herne- in den Dortmund-Ems-Kanal. Während die Wasserwege die Stadt mit vielen Wirtschaftsgebieten in Europa verbinden, bilden die Leinpfade (Uferwege) längs der Kanäle attraktive Wander- und Radwanderwege. Für die Güterschifffahrt gesperrt ist die fischreiche Alte Fahrt, der die Radroute am Dortmund-Ems-Kanal vom Dattelner Hafen nach Olfen folgt – beim Aquädukt über die Lippe hat man einen fantastischen Blick auf die Lippeauen.

3 Naturpark Teutoburger Wald/Eggegebirge

Externsteine, Hermannsdenkmal und das romantische Silberbachtal

ANFAHRT
Auf der A 2 bis Ausfahrt Bielefeld/Sennestadt, weiter auf der B 68 bis Bielefeld-Buschkamp, dort rechts auf die Landstraße Richtung Bielefeld bis zum Gasthof »Zum Eisernen Anton«; nächstgelegener ICE-Bahnhof: Bielefeld

LAGE
Im östlichen Nordrhein-Westfalen zwischen Bielefeld, Detmold, Paderborn und der Warburger Börde

GRÖSSE
1059 km^2

HÖCHSTE ERHEBUNG
Velmerstot (468 m)

GRÜNDUNG
1965

INFORMATION
Naturpark Teutoburger Wald/Eggegebirge, Felix-Fechenbach-Str. 5, 32756 Detmold

TELEFON
05231/62 79 44

INTERNET
www.naturpark-teutoburgerwald.de

Fast schnurgerade zieht sich der schmale Egge-Waldkamm von den Kornkammern der Warburger Börde nordwärts zur Velmerstot. Dort zieht das Kammgebirge Lippischer bzw. Teutoburger Wald nach Nordwesten, wo der Naturpark bei der Sparrenburg am Bielefelder Osningpass endet. Die Bezeichnung »egge« bedeutet »Grat« und verweist auf die Landschaftsform: steil abfallende Bergkämme, die sich mit ihrer Drachenkammsilhouette markant aus fruchtbaren Hügelländern erheben. Während die fast siedlungsfreien Kämme herrliche Routen für Wanderer und Mountainbiker darstellen, zählt das besiedelte Vorland als »Heilgarten Ostwestfalens« zu den quellenreichsten Gegenden Deutschlands.

Prächtige Ausblicke, idyllische Teiche Der Aussichtsturm »Eiserner Anton« auf dem **Ebberg** (1) liegt am Hermannsweg und bietet einen herrlichen Blick auf die unterschiedlichen Naturräume im Gebiet des südlichen Teutoburger Walds. Während die Sandböden überwiegend Nadelforste tragen, wachsen auf den Kalkböden prachtvolle Buchenwälder. Ausgangspunkt für die Wanderung (mit »H« markiert) ist der Gasthof »Zum Eisernen Anton« an der Osningstraße von Bielefeld-Buschkamp nach -Sieker.

Von den Gipfeln der Velmerstot genießt man eine wunderbare Aussicht.

Namensgeber eines der größten und schönsten Naturschutzgebiete des Teutoburger Walds ist der ➠ **Donoper Teich** (2) im Hiddeser Wald bei Detmold. Der ganz von Wald umgebene Teich wurde 1641 aus dem Hasselbach als Pferdetränke aufgestaut. Auf der Wasserfläche spiegeln sich die weit ausladenden Kronen 200-jähriger Eichen. Das Schutzgebiet umfasst auch das Hasselbachtal mit dem Krebsteich und die umgebenden Laubmischwälder sowie das Hangmoor Hiddeser Bent, in dem sich die Quellbäche des Hasselbachs sammeln.

Durchs Naturschutzgebiet führt zwischen Donoper und Krebsteich der Hermannsweg zum Hermannsdenkmal auf der nahen Grotenburg. Diese kurze Etappe zählt zu den schönsten Naturerlebnissen am Hermannsweg: Durch das höher gelegene Hiddeser Bent führt ein Bohlensteg zu einer Aussichtsplattform. Vom Krebsteich führt der Hermannsweg ins quellenreiche Heidental, in dessen Laubwäldern Dutzende von Vogelarten brüten. Dann beginnt der kurze, steile Aufstieg zur ringumwallten ➠ **Grotenburg** (3), der mutmaßlichen Teutoburg (Volksburg), nach der das Waldgebirge im Quellgebiet von Ems und Lippe benannt ist. Tatsächlich befand sich auf dem Gipfel eine Ringwallanlage aus vorchristlicher Zeit. Von diesem »Großen Hünenring« sind nur Reste erhalten. Heute ist die Grotenburg ein vielbesuchter Ort. Die Aussichtsgalerie des Hermannsdenkmals bietet einen weiten Blick auf Lipper und Weserbergland. Folgt man dem Hermannsweg ca. eine Stunde Richtung Externsteine, gelangt man zur Adlerwarte **Berlebeck** (4), einer der größten Falknereien Europas mit über 80 Greifvögeln aus aller Welt.

Auf Teufels Spuren – die Externsteine Die ➠ **Externsteine** (5), der Legende nach vom Teufel errichtet, sind eines der großartigsten Natur- und Kulturdenkmäler Norddeutschlands. Aus zerklüftetem Sandstein bestehend, sind die Reste einer ursprünglich waagrecht liegenden Sandsteinschicht, die von Naturkräften senkrecht gestellt wurde. In Jahrmillionen wurde sie freigespült und durch Verwitterungsvorgänge in einzelne Felsen zerlegt. Vermutlich haben sie in megalithischer, keltischer und germanischer Zeit als Kultstätte gedient, waren einst ein bekanntes Heiligtum und zugleich astronomische Beobach-

Magischer Anziehungspunkt: die landschaftlich atemberaubenden Externsteine

tungsstation. Durch den Einbau von Kammern, Treppenaufgängen und Aussichtsplattformen sowie durch die Absprengung von Felspartien wurden fast alle Spuren aus vorchristlicher Zeit vernichtet. Um 1100 wandelte man die Externsteine nach dem Vorbild der heiligen Stätten von Jerusalem in ein christliches Monument um und meißelte in einen der Felsen das größte freiplastische Kreuzabnahmerelief der deutschen Romanik. Das mehrgipfelige Relief-Felsmassiv über dem aus der Wiembecke aufgestauten Teich ist der sehenswerteste der Externsteine. Über eine schmale Stufenanlage gelangt man auf den Hauptgipfel mit Aussichtsplattform. Der turmartige Fels Nr. 2 weist eine Vielzahl menschlicher Spuren auf, z. B. das Sazellum (»kleines Heiligtum«) mit einem Peil-Loch zur Beobachtung des mittsommerlichen Sonnenaufgangs.

Von der Schlucht zum Gipfel Durchs schluchtartige ➠ **Silberbachtal** 6 mit mächtigen Felsen und Klippen führen Hermanns- und Eggeweg zur Velmerstot. In malerischen Kaskaden gischtet der Silberbach über Blockwerk in diesem kleinen, abgeschiedenen Waldparadies. Vom Mühlteich am Restaurant-Hotel »Silbermühle« führt der Weg ins Tal und windet sich steil bergauf zur ➠ **Velmerstot** 7. Gleich zwei Gipfel, Preußische (468 m) und Lippische Velmerstot (441 m), gewähren einen einmaligen Blick auf Teutoburger Wald und Lipper Bergland, auf Weser-

Reizvolle Schlucht im Silberbachtal

gebirge, Schwalenburg, Köterberg und Solling, den Desenberg und dahinter die Vulkankegel des hessischen Berglands. Auf der Preußischen Velmerstot kann man die Aussicht vom Eggeturm aus bewundern und auch gut das **Waldnaturschutzgebiet Egge-Nord** 8 überblicken, das die Buchenwälder des westlichen Eggevorlands zwischen Altenbeken, Bad Lippspringe und dem Übergang von Eggegebirge und Teutoburger Wald umfasst. Ein Kuriosum findet sich am Ostfuß der Egge im idyllisch gelegenen Kirchdorf **Sandebeck** 9: Der als Naturschutzgebiet ausgewiesene Uhlenberg in der Nähe des Bahnhofs ist Deutschlands nördlichster und kleinster Vulkan, dem zahlreiche Mineralquellen ihre Existenz verdanken.

Wildpark und Felsenmeer Das Gebiet des ehemaligen ➡ **Klosters Hardehausen** 10 bei Scherfede, 1140 als erstes Zisterzienserkloster Westfalens gegründet, ist eine gepflegte Oase inmitten der Wälder und ein herrliches Ausflugsziel. Neben Schweinezucht, Wollproduktion und Weberei hatte der Hammer, in dem Eisen aus Waldeck verarbeitet wurde, große wirtschaftliche Bedeutung für das Kloster. Wer dem Wanderweg in die Wälder hinauf folgt, erreicht eine imposante Naturattraktion: **Hardehauser Klippen** 11 und Felsenmeer heißt das Wald- und Felsgebiet oberhalb der Talweitung mit dem Kloster. Der Opferstein ist eine von schauerlichen Sagen umwobene Felskanzel im Hang. Aussichtsreicher ist die Nadel, ein Felsen und Grenzstein von 1715, mit Ausblick über das Diemeltal ins Waldecker Land.

LEBEN WIE DIE ALTEN GERMANEN

Das Archäologische Freilichtmuseum Oerlinghausen südöstlich des **Ebberges** 1 lässt auf 1,5 ha Ur- und Frühgeschichte und das frühe Mittelalter lebendig werden. Unter den rekonstruierten Baugruppen und Versuchsgärten finden sich ein Sommerlager eiszeitlicher Rentierjäger, ein Mohnacker aus der Bronzezeit und eine frühmittelalterliche Hofanlage aus sächsisch-germanischer Zeit. An Aktionstagen wird Brot gebacken und Stoffe werden gefärbt. In speziellen Gehegen hält man rückgezüchtete Weideschweine und Ziegen. Vom Eingang des Freilichtmuseums leitet ein ausgeschilderter Waldweg zur Hünenkapelle im »Sachsenlager«.

4 Naturpark Solling-Vogler

Hochmoore, Hutewälder und Orchideenwiesen

ANFAHRT
Auf der A 2 Hannover–Bielefeld bis Ausfahrt Bad Eilsen, weiter auf der B 83 über Hameln nach Bodenwerder; nächstgelegener ICE-Bahnhof: Göttingen

LAGE
Im Südosten Niedersachsens an der Grenze zu Nordrhein-Westfalen und zu Hessen

GRÖSSE
520 km²

HÖCHSTE ERHEBUNG
Große Blöße (528 m)

GRÜNDUNG
1963

INFORMATION
Zweckverband Naturpark Solling-Vogler, Lindenstr. 6, 37603 Holzminden-Neuhaus

TELEFON
05536/13 13

INTERNET
www.naturpark-solling-vogler.de

Das glitzernde Band der Weser zu Füßen von Solling und Vogler ist die Leitlinie im Naturpark, in dem sich die höchsten Berge des Weserberglands erheben. Ob vom Weser-Radweg, der Deutschen Märchenstraße, der Straße der Weserrenaissance oder von einer Anlegestelle der Weserausflugsschiffe aus: Alle Wander- und Radwege sowie Straßen führen in die Wälder von Solling und Vogler. Zwischen den beiden waldreichen Buntsandstein-Bergländern liegen die aussichts- und felsenreichen Muschelkalkgebiete von Rühler Schweiz und Eversteiner Burgberg, der für seine Orchideenwiesen berühmt ist.

Weserrenaissance und Flussmäander **Bodenwerder** (1) ist ein Luftkurort und Jod-Sole-Bad an der Weser zu Füßen des waldbedeckten Voglers. Fachwerkhäuser prägen die Altstadt; im heutigen Rathaus (Herrenhaus von 1603) wurde 1720 der »Lügenbaron« Münchhausen geboren. Das Münchhausen-Museum ist in der Schulenburg auf dem Gelände des ehemaligen Gutshofs der Familie untergebracht. Sehenswert ist auch **Schloss Hehlen** (2) bei Bodenwerder. Alle zwei Jahre erstrahlt der Park beim Fest der »Schlossparkbeleuchtung« im Glanz von tausend Lichtern.

Der Vogler ist mit seinen tief eingeschnittenen Bachtälern, schmalen Bergrücken und klippenreichen Steilhängen hoch über der Weser ein Paradies für Wanderer. Der höchsten Erhebung, dem → **Ebersnacken** (3) (460 m), streben alle Wanderwege zu. Vom Ebersnackenturm bietet sich ein grandioses Panorama über die Rühler Schweiz zum Solling und zum bewaldeten Hils, an den sich der Ith-Kamm anschließt. Jenseits davon zeigt sich bei klarer Sicht der Harz, während im Westen die Kämme von Teutoburger Wald und Eggegebirge liegen. Jenseits der Weser ist die Kuppe des Köterbergs zu sehen.

Idyllischer Abschnitt des Wesertals in der Nähe von Rühle

Ein großartiger Aussichtspunkt ist der Weinberg in der **Rühler Schweiz** ❹ oberhalb des Fachwerkdorfs Rühle. Der Abschnitt zwischen Bodenwerder und Holzminden zu Füßen von Vogler und Eversteiner Burgberg ist der am wenigsten besiedelte, steilste und so gut wie nicht industrialisierte Teil des Oberwesertals. In weit ausholenden Mäandern gräbt sich der Fluss durch den Muschelkalk der Ottensteiner Hochfläche bzw. durch die Verwerfungszone von Muschelkalk und Buntsandstein (Vogler). In den Prallhängen am Eckberg zwischen Polle und Brevörde, am Kollberg bei Grave, am Tenterling bei der Steinmühle und an den Breitesteinklippen bei Rühle mussten Straßen in die Felswände gesprengt werden. Die Gleithänge hingegen bieten Raum für Landwirtschaft und kleinere Siedlungen. Wegen des verkehrsuntauglichen Geländes wurde auf dieser Mäanderstrecke keine einzige Stadt gegründet. Auf einem das Tal beherrschenden Bergkegel ließen die Grafen von Everstein die Burg Polle errichten, auf der heute die »Aschenputtelspiele« stattfinden.

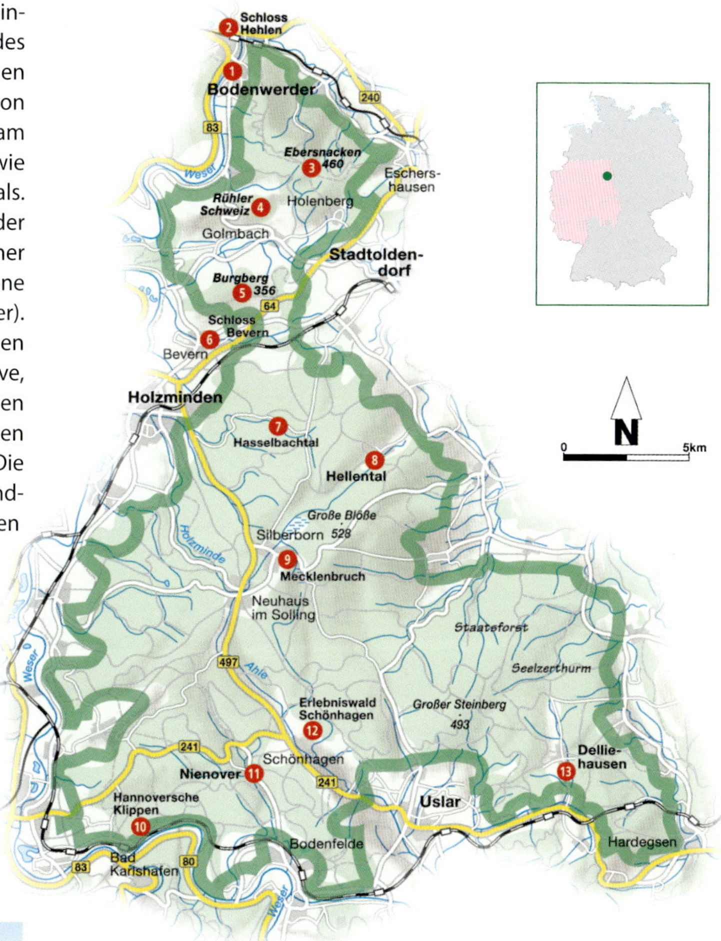

Außergewöhnliches Pflanzenparadies

Der zwischen Bever- und Forstbach aufragende ➠ **Burgberg** ❺ mit den Ruinen der Höhenburg oberhalb des früheren Zisterzienserklosters Amelungsborn war im Mittelalter ein Machtzentrum an der oberen Weser: Von der Doppelburganlage auf seinen Gipfeln beherrschten die Grafen von Everstein das Gebiet von Holzminden bis Hameln. Die Burgen sind längst verschwunden, doch der aus Muschelkalk aufgebaute Berg mit seiner unverwechselbaren, von den drei Gipfelkegeln bastionsartig akzentuierten Silhouette zählt weiterhin zu den besten Aussichtspunkten des Weserberglands. Schafe und Rotes Höhenvieh weiden auf den Wiesen und Kalkmagerrasen. Das Naturschutzgebiet »Frauenschuhfläche«, ein Pflanzenparadies im nordostexponierten Steilhang des Eversteiner Burgbergs, erschließt ein Naturlehrpfad. Der Frauenschuh ist eine geschützte Orchidee, wurde jedoch von Sammlern nahezu ausgerottet. Außer verschiedenen Orchideenarten und Enziangewächsen haben auch seltene

Zu Füßen der Hannoverschen Klippen breitet sich das obere Wesertal aus.

Pflanzen wie Wacholder oder Zittergras ein Rückzugsgebiet gefunden, da die Natur hier in einem mittelalterlichen Kultur-Natur-Zustand gehalten wird. Die damalige Brennholz-, Waldweide- und Streunutzung führte zur Verlichtung der Buchenwälder, ließ Offenlandinseln entstehen und bewirkte eine Verarmung der Böden: Auf die Lichtungen wanderten lichthungrige Pflanzen ein. Sie konnten sich trotz Waldweidenutzung halten, weil das Vieh sie verschmähte. Durch entsprechende Maßnahmen wird heute eine Wiederverwaldung verhindert.

Das sehenswerte ➠ **Schloss Bevern** 6 zählt zu den bedeutendsten Baudenkmälern der Weserrenaissance (16./17. Jh.).

Dramatische Berglandschaft im Dreiländereck Der dicht bewaldete Buntsandstein-Höhenzug des Solling (bis 50 km lange, bis 30 km breit) ist das größte und höchste Einzelgebirge im Weserbergland und wölbt sich rechts der Weser zwischen Uslar, Dassel und Holzminden. Die Große Blöße (528 m) markiert den höchsten Punkt. Aussichtstürme sind der Sollingturm auf dem Strutberg (444 m) bei Uslar und der Hochsollingturm am Moosberg (509 m) bei Neuhaus. Breite Waldrücken, liebliche Wiesentäler wie **Hasselbachtal** 7 und Hellental sowie im Wald versteckte Teiche prägen das Landschaftsbild. Das weite **Hellental** 8 ist das berühmteste und auch geologisch interessanteste Sollingtal. Die Helle, deren Quellbäche sich im Mecklenbruch sammeln, durchfließt hier nicht nur den typischen Buntsandstein, sondern auch Muschelkalk, schlängelt sich zwischen Auenwaldstreifen dahin, versickert in den Kalkbereichen in »Bachschwinden«, fließt unterirdisch durch den Karst und tritt in Wiesen wieder zu Tage. Viele Wanderwege erschließen das Hellental; der beste Ausgangspunkt ist Silberborn (B 497 Holzminden–Uslar, kurz vor Neuhaus nach Silberborn abbiegen).

Undurchlässige Böden auf dem niederschlagsreichen, plateauartigen Gelände im Hochsolling begünstigen die Bildung von Hochmooren und Bruchwäldern. Das größte Moor ist das durch einen Naturerlebnispfad erschlossene ➠ **Mecklenbruch** 9 in der Nähe des Wildparks Neuhaus (südöstlich davon das auch unter Naturschutz stehende Torfmoor). In die Birken-, Eichen- und Buchenwälder auf dem Plateau trieb man einst das Vieh und sammelte Laubheu als Streu und Futter. Die gewaltigen Eichen (Naturdenkmäler) am Dreiländereck erinnern an diese Zeit. Da der Wald auf den sauren Böden

Das größte Hochmoor des Weserberglands, der Mecklenbruch

nur langsam wächst, kam es zum Rückgang der Wälder, da der Brennholzbedarf der nahen Glashütten, Schmieden und der Porzellanmanufaktur in Fürstenberg enorm war. Ein Bohlensteg führt zu einem Aussichtsturm im Mecklenbruch; das Verkehrsamt Silberborn bietet geführte Wanderungen durchs Hochmoor an.

Dramatisch stürzt der Solling im Süden, am Weserdurchbruchstal, im Dreiländereck bei Bad Karlshafen in wandartigen, felsdurchsetzten Steilhängen zur Weser ab: Die ➠ **Hannoverschen Klippen** ⑩ sind eines der bedeutendsten Felsensembles im Oberwesertal. Um rund 100 Meter überragen die sieben Buntsandsteintürme den Fluss, zwei von ihnen sind als Aussichtspunkte begehbar und bieten einmalige Panoramen. Der steile Aufstieg (ca. 15 Min.) beginnt am Bahnhof Bad Karlshafen und ist mit »x3« (Wildbahn) markiert.

Naturerlebnis für Groß und Klein Im Erholungsort **Nienover** ⑪ an der Deutschen Märchenstraße im Reiherbachtal oberhalb von Bodenfelde steht das bedeutendste Jagdschloss des Sollings auf einem Sporn des Schinkelbergs. In der Nähe gibt es einen 200jährigen Eichenbestand: Seit 2000 ist das Wald-Offenland-Gebiet (170 ha) ein internationales Hutewald-Projekt, in dem Exmoor-Ponys und Heckrinder leben. Infozentrum, Schaugehege und Erlebnispfade laden hier ebenso zum Entdecken wie im benachbarten Erlebniswald **Schönhagen** ⑫, wo man den Wald mit allen Sinnen erforschen kann: in einer Erdhöhle, am Wassergraben, im Duftgarten und auf dem »Klimaturm«. Weiter südlich lockt die Familien-Erlebnislandschaft **Delliehausen** ⑬ bei Uslar.

ERLEBNISLANDSCHAFT DELLIEHAUSEN

In Delliehausen ⑬ bei Uslar wird viel geboten: Naturerlebnisflächen wie Feuchtbiotope, Hochstaudenfluren oder Streuobstwiesen, ein Bergsee als Schutzgebiet für seltene Pflanzen und als Badesee mit Sandstrand und Wasserrutsche, die Naturparkanlage »Dümpelwiesen«, vielfältige Bachlandschaften sowie ein Abenteuerspielplatz in der reizvollen Wiesen- und Waldlandschaft. Lehrpfadstationen informieren über Geschichte, Geologie und Naturschutz. Alljährlich im Frühsommer wird der Meiler an der Köhlerhütte aufgebaut und während des Köhlerfests angezündet.

5 Naturpark Schwalm-Nette

Krickenbecker Seen, Elmpter Schwalmbruch und das obere Schwalmtal

ANFAHRT
Auf der A 40 bis Ausfahrt Straelen/Herongen, weiter auf der B 221 Richtung Kaldenkirchen bis Leuth, dann auf der B 509 Richtung Hinsbeck und kurz vor Hinsbeck links zu den Krickenbecker Seen; nächstgelegene ICE-Bahnhöfe: Duisburg, Düsseldorf

LAGE
Im Niederrheinischen Tiefland im Grenzgebiet von Nordrhein-Westfalen und den Niederlanden

GRÖSSE
435 km^2

HÖCHSTE ERHEBUNG
Hoher Busch (86 m)

GRÜNDUNG
1965

INFORMATION
Naturpark Schwalm-Nette, Willy-Brandt-Ring 15, 41747 Viersen

TELEFON
02162/81 70 94 08

INFOHÄUSER
In Brüggen, Wachtendonk und Wegberg

INTERNET
www.naturparkschwalm-nette.de

Die Flüsse Schwalm und Nette sind Namensgeberinnen des Naturparks in der Flussterrassenlandschaft des Niederrheinischen Tieflands an der Grenze zu den Niederlanden. Er ist Teil des internationalen Naturparks Maas-Schwalm-Nette, der 1976 als erster deutsch-niederländischer Naturpark gegründet wurde. Zahlreiche Wander-, Rad- und Naturerlebniswege erschließen ihn. Zu den Glanzpunkten auf deutscher Seite zählen die waldumrahmten Krickenbecker Seen mit ihrem Vogelreichtum und der Elmpter Schwalmbruch mit einer der letzten Wacholderheiden am Niederrhein.

Paradies für Pflanzen- und Vogelliebhaber Wie ein vierblättriges Kleeblatt liegen die ➡ **Krickenbecker Seen** (1) rund um das Wasserschloss Krickenbeck; sie sind Zentrum und Namensgeberinnen eines der ältesten (gegründet 1938) und größten Naturschutzgebiete in Nordrhein-Westfalen. Die das Ufer begleitenden Erlenbruch-, Sumpf- und Auenwälder, Hecken, Schilfgürtel und Wasserpflanzen haben das Areal (1170 ha) zu einem der wichtigsten Vogelrückzugsgebiete am Niederrhein werden lassen; hier hecken Rohrschwirl, Fischreiher und Blaukehlchen, in der kalten Jahreszeit fliegen Gänse- und Zwergsäger, Fischadler und Trauerseeschwalbe ein. Seltene Pflanzen wie Drachenwurz, Gagel und Sonnentau sind hier heimisch, Sumpfdotterblumen, Schwertlilien und Seerosen wachsen auf den Stillgewässern und längs des Alten Nordkanals.
Seit dem Tertiär sank das Tal der Nette ständig ab, an seinem Ostrand wurde der Viersener Horst pultartig herausgehoben, was zur Aufstauung der Nette und zur Bildung von Bruchwald- und Torfflächen mit einer Dicke von bis zu drei Metern führte. Die noch erhaltenen Erlenbruchwälder bilden den größten und am besten ausgebildeten Bestand in Nordrhein-Westfalen. Durch den Torfabbau (seit 1713) entstanden die bis zu drei Meter tiefen Krickenbecker Seen.
Die von Regenwasser gespeisten **Heidemoore** (2) liegen wie Inseln in den Kiefernforsten von Nettetal-Kaldenkirchen. Sie bieten ideale Lebensräume für Zwergtaucher, Krickenten und Wasserrallen, Libellen und Moor-

Die Krickenbecker Seen wurden vor Jahrhunderten von Menschenhand geschaffen.

frösche (Start für eine Erkundung am Parkplatz des Gasthofs »Haus Galgenvenn« an der Knorrstraße).

Das Naturschutzgebiet **Brachter Wald** 3 schließt sich ca. zwei Kilometer südlich auf dem Gelände des ehemaligen Munitionsdepots Brüggen-Bracht an. Das größte Naturschutzgebiet des Landkreises Viersen ist durch drei markierte Rund- und Radwege erschlossen (Start am Parkplatz Weißer Stein am gleichnamigen Gasthaus an der deutsch-niederländischen Grenze).

Gesunder Mischwald und eine üppige bodennahe Vegetation im Schwalmtal

Beschauliche Moorwanderungen im Grenzland Im ➠ **Elmpter Schwalmbruch** (285 ha) 4 findet man die einzige Wacholderheide am linken Niederrhein. Wegen seiner landschaftlichen Schönheit wurde dieser Niederungsbereich im Schwalmtal zwischen Brüggen und dem niederländischen Swalmen in den 1990er-Jahren als erstes »Naturerlebnisgebiet« Nordrhein-Westfalens eingerichtet. Wanderwege mit Infotafeln leiten durch die Moorbirkenwälder und von Moorschnucken beweideten Heideflächen. Ein Bohlenweg führt mitten durch ein Moorgewässer, wo sich Erdkröten, Frösche und Libellen beobachten lassen (Start der Wanderungen am Parkplatz Venekoten bei Elmpten).

Der mittelalterliche Burgort **Brüggen** 5 an der Schwalm ist bekannt durch seine Altstadtfeste, Jahrmärkte und Burgfestivals. Seine Entstehung verdankt er seiner Lage an einer Schwalmfurt, in der die Grafen

Moorschnucken im Elmpter Schwalmbruch

BIOLOGISCHE STATION

Die Biologische Station Krickenbecker Seen am Strandbad am Hinsbecker Bruch informiert über die Entstehung der Krickenbecker Seen 1 sowie über Fauna und Flora rund um die vier Gewässer. Ein Aussichtssteg mit Blick über das Hinsbecker Bruch mit einer Aussichtsplattform über dem Wasser gewährt einen wunderbaren Blick auf das Naturschutzgebiet. Die Biologische Station bietet auch Führungen an und ist Ausgangspunkt zahlreicher Wander- und Radwege (www.bsks.de).

von Kessel (13. Jh.) die Burg auf einer Kiesinsel errichten ließen. Palas und Bergfried zeugen heute noch von den einstigen, gewaltigen Ausmaßen der Festung, in der heute das Jagd- und Naturkundemuseum und eine Naturpark-Infostelle untergebracht sind.

Im Tal der Mühlen Der Oberlauf der Schwalm zwischen Tüschenbroicher Weihern und Brüggen ist mit seiner Mischung aus Naturschutzgebieten, Auenwäldern, Seen, Schlössern und Reetdachdörfern eine wahre Perle am Niederrhein. 25 Wassermühlen stehen im oberen Schwalmtal; einige von sind noch funktionsfähig und können besichtigt werden.

Die Schwalm entspringt in einer imposanten Landschaftskulisse an den ➠ **Tüschenbroicher Weihern** 6, einem beliebten Naherholungsgebiet direkt bei der Tüschenbroicher Mühle und Schloss Tüschenbroich (15.–18. Jh.). Vom Quellgebiet fließt die Schwalm an Bischofs- und Bockenmühle vorbei ins mittelalterliche Kloster- und Burgstädtchen Wegberg und schlängelt sich hinab zur Molzmühle, wo der Mühlenbach einmündet, an dem Busch-, Holt- und Schrofmühle liegen (Letztere ist für eine Besichtigung zugänglich).

Am Rand der Schwalmbruchwälder liegt wenig unterhalb das wunderschöne Dorf **Schwaam** 7 mit seinen denkmalgeschützten, reetgedeckten Gehöften. Höhepunkt ist hier der alljährliche Feldgottesdienst (3.10.) mit Tier- und Kutschensegnung.

An der unter Denkmalschutz stehenden Stauanlage der Brempter Mühle weitet sich der **Hariksee** 8 (20 ha), gesäumt von Bruchwäldern, Mooren und Schwarzerlen mit einem zu jeder Jahreszeit lohnenden Rundwanderweg (ca. 3 km). Zwischen den Restaurants »Mühlrather Mühle« (1447) und »Insel-Schlösschen« verkehrt ein kleines Fahrgastschiff.

Wassermühle in Brüggen, im oberen Tal der Schwalm

6 Naturpark Bergisches Land

Bilderbuchlandschaft und lebendige Industriegeschichte

ANFAHRT
Auf der A 4 Köln–Kreuztal bis Engelskirchen; nächstgelegener ICE-Bahnhof: Köln, von dort mit der Regionalbahn bis Engelskirchen-Ründeroth

LAGE
Zwischen Remscheid im Norden, Sauerland im Osten, Westerwald im Süden und Köln-Siegburger Bucht im Westen

GRÖSSE
2100 km²

HÖCHSTE ERHEBUNG
Unnenberg (506 m)

GRÜNDUNG
1973

INFORMATION
Naturpark Bergisches Land, Moltkestr. 34, 51643 Gummersbach

TELEFON
02261/88 69 09

INTERNET
www.naturpark-bergisches-land.de

Das Bergische Land ist nicht bergig und verdankt seinen Namen keinen schroffen Gipfeln, sondern seinen ehemaligen Landesherren, den Grafen von Berg. Sanft steigt die Mittelgebirgslandschaft wie eine schiefe Treppe vom Rhein gen Osten an. Doch dieser Anstieg hat Folgen: Die Niederschläge in dieser Gegend sind höher als in den meisten Regionen Deutschlands, denn das Bergische Land ist das erste Hindernis, auf das die feuchten atlantischen Westwinde treffen. Sie bescheren ihm seinen größten Schatz: Wasser. Das formte auch die Landschaft, zerschnitt 300 Mio. Jahre alte Ablagerungen des devonischen Meers in Kuppen und Täler, ließ üppige Laubwälder wachsen und trieb die Mühlen und Eisenhämmer in vor- und frühindustrieller Zeit an.

Das Bergische Land ist Teil des Rheinischen Schiefergebirges und besteht zum großen Teil aus Grauwacke, Sandstein und Schiefer, den verfestigten Ablagerungen des Devonmeers. Durch den Gesteinsdruck bildeten sich Klüfte, in die heißes Wasser aus dem Inneren der Erde aufstieg und dort Mineralien ausschied. So entstanden Erz- und Quarzgänge, die z. T. schon im Mittelalter ausgebeutet wurden. Eine Zeitreise zu den Korallenriffen des einstigen tropischen Meers kann man in der **Aggertalhöhle** (1) bei Engelskirchen unternehmen. Ihr Gangsystem wurde vor langer Zeit von Grundwasser ausgespült, das seitlich in den Riffkalkzug eindrang. Da Tonschieferschichten über dem aus den Korallen entstandenen Kalk liegen, konnte von oben kaum Wasser in die Höhle gelangen, sodass nur kleine Tropfsteine wuchsen.
Auf dieser Grundlage können nur nährstoffarme Böden entstehen, die besonders in den höheren, regenreichen Lagen keine einträgliche Landwirtschaft zulassen. Gibt es im Niederbergischen noch fruchtbare Äcker, dominieren im höheren Bergland Wald und Regen über Viehweiden und Weiler. Einen Einblick in die harte Arbeit der Bauern gewinnt man im ➠ **Bergischen Freilichtmuseum** (2) für Ökologie und bäuerlich-handwerkliche Kunst in Lindlar (www.bergisches-freilichtmuseum.lvr.de).

Farbenfrohe Kirchen, prunkvolle Schlösser Über die A 4 gelangt man ins Homburger Ländchen. Rund um Schloss Homburg und die Kirchdörfer

Sanfte, grüne Hügellandschaft – der Naturpark von der Burgruine Windeck gesehen

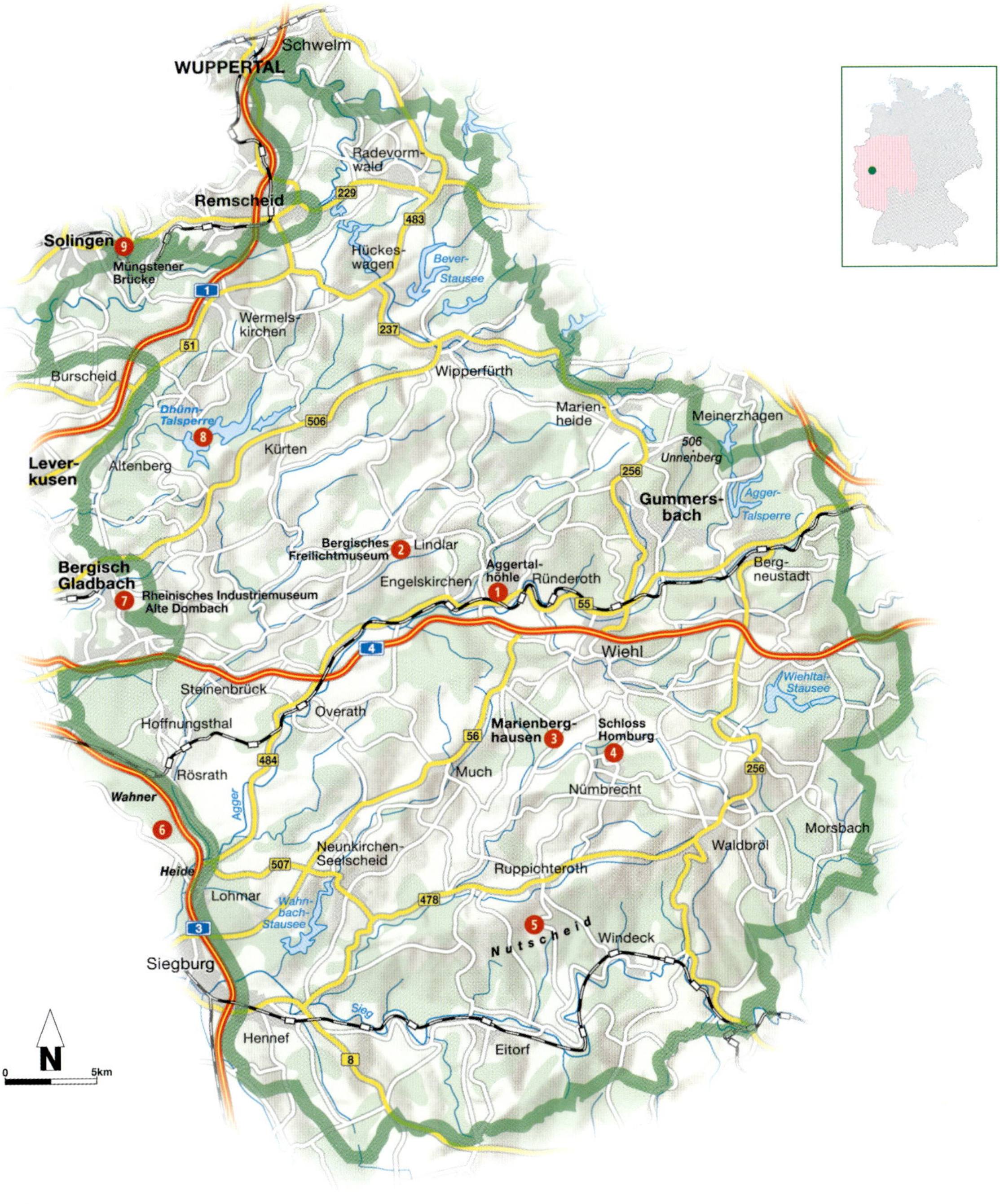

Nümbrecht und Marienberghausen prägen ursprüngliche Laubwälder, Wiesen, Weiden, Flüsse und Bäche das Landschaftsbild. Nümbrecht, ein malerisches Fachwerkdorf im Schatten einer 1000-jährigen Schlosskirche, zog immer wieder Künstler an. In **Marienberghausen** 3 kann man eine der »bonten Kerken« besichtigen: mit bunten Fresken, die den Analphabeten einst christliche Botschaften vor Augen führten.

Für den Bau von ➠ **Schloss Homburg** 4 holten sich die Grafen Sayn und Wittgenstein Anregungen aus Versailles. Heute beherbergen die Burgmauern ein kulturhistorisches Museum. Im ehemaligen Forsthaus in der Nähe bietet die Biologische Station Oberberg

Viel entdecken können Kinder im Bergischen Freilichtmuseum in Lindlar.

Infos und Materialien für Wanderungen auf verschiedenen Naturerlebnispfaden an. Familien können sich hier gegen eine Gebühr Rucksäcke mit Material zur spielerischen Erkundung des artenreichen Laubwalds und der Brölaue ausleihen.

Naturwunder im Ballungsraum Südlich von Nümbrecht befindet sich das größte zusammenhängende Waldgebiet im Bergischen Land: der ➠ **Nutscheid** 5. Auf dem Gebirgskamm verlief einst die Grenze zwischen dem Herzogtum Berg und der Herrschaft Homburg. Die Burg Windeck, heute nur noch eine Ruine, diente der Grenzverteidigung. Der größte Teil des Nutscheids wird von ausgedehnten Hochwäldern bedeckt. Spechte, Dachse, Hohltauben und Waldkäuze nutzen die baumhöhlenreichen ältesten Teile der Wälder. Auch die durch intensive Rodung entstandenen Niederwälder mit Birken und Erlen sind von großer ökologischer Bedeutung. Begünstigt durch die sonnige Lage über dem Siegtal, bieten sie zusammen mit Quellmooren und Heiden ein letztes Rückzugsgebiet für seltene Tierarten wie Haselhuhn oder Eichenzipfelfalter.

Über die B 478 gelangt man wieder in die dicht besiedelten Ballungsgebiete am Rand der rheinischen Bucht. Hier, am Stadtrand von Köln, hat sich ein Naturschutzgebiet ersten Rangs entwickelt: die ➠ **Wahner Heide** 6 mit vielen, während der letzten Eiszeit aus feinem Flugsand angehäuften Dünen. Ursprünglich war auch diese Landschaft bewaldet, doch schon seit dem 7. Jahrhundert nutzten die Menschen die Gegend zur Torf-, Ton- und Holzgewinnung, vor allem aber als Weideland. Schafe und Ziegen verhinderten das Nachwachsen der Wälder. Die Preußen richteten in der Bergischen Heide einen der ersten Truppenübungsplätze Deutschlands ein. Heute wird der größte Teil des Schießplatzes vom Flughafen Köln-Bonn eingenommen.

In unmittelbarer Nähe der Großstadt Köln: die Wahner Heide

Industriedenkmal eindrucksvollen Ausmaßes: die Müngstener Brücke bei Solingen

Trotzdem hat sich gerade auf den in der Vergangenheit intensiv genutzten Flächen eine einzigartige Vielfalt an Fauna und Flora angesiedelt: blühende Heiden neben Mooren und Bruchwäldern, eine offene Dünenlandschaft in Nachbarschaft zu Tümpeln und naturnahen Bächen. Ca. 700 gefährdete Tier- und Pflanzenarten leben in dem zweitgrößten Naturschutzgebiet Nordrhein-Westfalens (www.wahner-heide.com).

Heute wieder saubere Flüsse Durch den Königsforst geht es weiter nach Bergisch Gladbach zur Papiermühle im **Rheinischen Industriemuseum Alte Dombach** 7 (www.rim.lvr.de). Neben der Alten Dombach drängten sich einst entlang der Strunde 35 weitere mit Wasserkraft betriebene Mühlen. Heute sind die Flüsse wieder sauberer, aus giftigen Rinnsälen wurden lebendige Bäche, in denen sich Lachse und Forellen tummeln. Sauber muss auch das Wasser in den Talsperren sein, die die Großstädte am Rhein mit Trinkwasser versorgen. Die **Dhünn-Talsperre** 8 ist das drittgrößte Wasserreservoir Deutschlands. Ein 100 Meter breiter Wasserschutzstreifen umgibt den See.

Flussabwärts, zwischen Odenthal und Altenberg, verläuft die Dhünn, mit einem wilden Auenwald als Begleiter. Die Wasserqualität ist hervorragend, und anspruchsvolle Vogelarten wie Eisvogel, Wasseramsel oder Gebirgsstelze finden am Flussbett mit Sandbänken, Kolken und Steilufern einen geeigneten Lebensraum.

Die Verzahnung von Stadt und Land sowie die enge Verbindung zwischen Gewerbe und Natur ist charakteristisch für das Bergische Land. Seit 2006 gehören auch Stadtteile von Remscheid und Wuppertal zum Naturpark. Am verstädterten Nordrand findet sich das eindrucksvollste Denkmal der jüngeren Industriegeschichte, die ➡ **Müngstener Brücke** 9 bei Solingen. 5000 Tonnen Stahl wurden in der mit 107 Metern Höhe höchsten Eisenbahnbrücke Deutschlands verbaut. Unter der Brücke wurde der Brückenpark eröffnet, die Ufer- und Auenzone mit Rückzugsgebieten für die Tiere (u. a. Feuersalamander) neu gestaltet. Ein Rundwanderweg führt durchs wildromantische Tal der Wupper nach Schloss Burg (12. Jh.).

BERGISCHE NATUR- UND MUSEUMSROUTE

Der 280 km lange Wanderweg durch die Industrie- und Kulturgeschichte der Region führt von Wuppertal bis an die Sieg quer durchs Bergische Land und passiert u. a. Lindlar (bei 2), Engelskirchen (bei 1) und Nümbrecht (bei 4). Die Strecke ist in verschiedene Themenabschnitte gegliedert, wie Textil-, Frühindustrie, Alte Wege, Fuhrmannswesen, Erzbergbau, Wasserkraft, Schwerverkehr und Schmiedewesen (www.strassederarbeit.de).

7 Naturpark Ebbegebirge

Wiesenland, Schluchten und die schönste Tropfsteinhöhle Westfalens

ANFAHRT
Auf der A 45 von Dortmund Richtung Frankfurt/M. bis Ausfahrt Lüdenscheid, weiter nach Werdohl und dort auf der B 236 nach Plettenberg; nächstgelegene ICE-Bahnhöfe: Dortmund, Hagen

LAGE
In Nordrhein-Westfalen im südwestlichen Sauerland zwischen den Naturparks Bergisches Land, Homert und Rothaargebirge

GRÖSSE
777 km^2

HÖCHSTE ERHEBUNG
Nordhelle (663 m)

GRÜNDUNG
1973

INFORMATION
Naturpark Ebbegebirge, Westfälische Str. 75, 57462 Olpe

TELEFON
02761/812 80

INTERNET
www.naturpark-ebbegebirge.de

Kern und Namensgeber des Naturparks ist das Ebbegebirge, ein von Hochmooren und Wäldern geschmückter Bergkamm, das in der Nordhelle die höchste Landmarke des märkischen Sauerlands bildet und herrliche Wanderungen ermöglicht. Südlich des Ebbekamms durchfließt die Lister das Listerbergland und eilt dem Biggesee zu, neben dem Möhnesee im Naturpark Arnsberger Wald das bedeutendste Wassersportzentrum des Sauerlands.

Schluchtwälder und Panoramablicke Mit seinen Felsen, Wasserfällen und Schluchtwäldern ist das → **Bommecketal** (1) bei Plettenberg-Böddinghausen das malerischste Tal im Naturpark Ebbegebirge. Es liegt im Plettenberger Bergland, der steilsten Region dieser Gegend. Das teils bewaldete, teils von Grünland bedeckte, durch die Täler von Else und Oese tief zerschnittene Bergland bildet den Nordostrand des Naturparks, von den Bergen Hohe Molmert (575 m) und Heiligenstuhl (584 m) stürzen die Hänge steil ins Tal der Lenne hinab, die sich in weiten Flussschlingen zwischen den Naturparks Homert und Ebbegebirge windet. In der klammartigen, kühlen Schlucht wurden über 2100 Tierarten, mehr als 400 Pflanzenarten und über 80 Flechten nachgewiesen, die sich auf dieses feuchtkühle Klima spezialisiert haben.

Wolfsbruch, Piwitt, Grundlose, Wilde Wiese: Die Moore des Ebbekamms rund um die → **Nordhelle** (2) zählen zu den botanischen Kostbarkeiten dieses Naturparks. Die Nordhelle (663 m) ist der höchste Berg von Ebbegebirge und märkischem Sauerland: Über und rund um sie führt ein Naturlehrpfad, und über den Nordhang verläuft der panoramarreiche Ebbekammweg. Die Aussichtsgalerie des Robert-Kolb-Turms (1913) bietet bei klarer Sicht ein herrliches Panorama.

Das Rauschen der Bäche Zahllose Quellen entspringen am Ebbekamm, das **Blomberger Bachtal** (3) im Südhang ist das Quellental schlechthin: Vom Wanderparkplatz »Quellental« führt ein Weg durchs Tal hinauf zum Kamm. Viele der am Ebbekamm entspringenden Bäche werden am Fuß des Bergrückens oder in seinem Vorland aufgestaut, etwa im Osten die Oestertal-, im Westen die Fürwigge- und die Versetalsperre. Die reizvoll zwischen Waldbergen eingebettete **Fürwiggetalsperre** (4) (25 m hoch, 170 m lang; 1,6 Mio. m^3 Trinkwasser), die als imposantes technisches Denkmal unter Schutz steht, ist einer der schönsten »stillen« Stauseen des Sauerlands und wurde 1902–04 im Bachlauf der Fürwigge errichtet. Im

Der wunderschön gelegene Biggesee im Naturpark Ebbegebirge

Osten der Versetalsperre erhebt sich die von mächtigen Buchen und Eichen bedeckte Bergkuppe Gasmert (534 m) mit der Wacholder-Bergheide **Auf der Gasmert** ❺. Am Wanderweg vor dem Naturschutzgebiet genießt man eine prächtige Fernsicht weit über das Ebbegebirge hinaus. Das Hangmoor **Die Grundlose** ❻ am Rothenstein, der Westbastion des Ebbekamms, ist das Quellmoor der Lister. Aus einer Gesteinsverwerfung treten Quellwasser zutage, die die Hänge herabrieseln und sich dann zur Lister vereinigen. Vom Wanderweg fällt der Blick auf die nassen Pfeifengraswiesen, in denen Karpaten- und Moorbirken stehen; zur Mittsommerzeit lässt hier das Wollgras seinen Haarbusch auswachsen. Nur wenig weiter talwärts wird der Bach von der Listertalsperre aufgestaut.

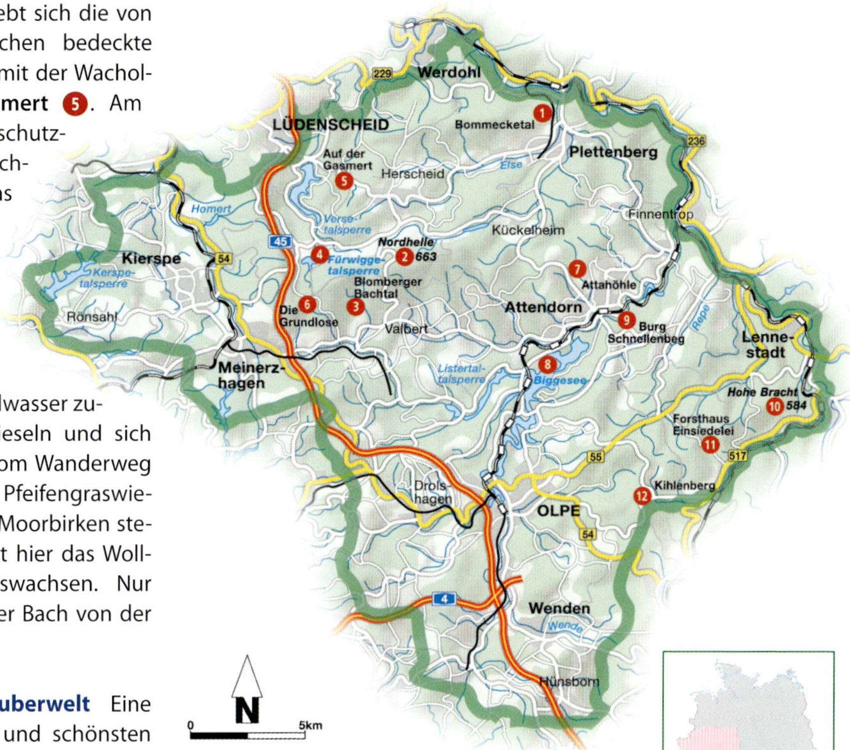

In einer unterirdischen Zauberwelt Eine der größten (1,8 km Länge) und schönsten Tropfsteinhöhlen Deutschlands ist die ➠ **Attahöhle** ❼ im devonischen Massenkalk bei Attendorn. Hier erlebt man eine faszinierende Welt von Stalaktiten, Stalagmiten und Sinterfahnen, unterirdischen Seen, Kaskaden und Grotten. Insgesamt ist das Höhlenlabyrinth 6670 Meter lang.

Das Biggetal mit dem **Biggesee** ❽ ist ein beliebtes Wassersportparadies und von Attendorn oder Olpe zu erreichen. Auf der gegenüberliegenden Talseite thront **Burg Schnellenberg** ❾, die größte und schönste Burganlage im Sauerland mit einem weithin bekannten Gourmetrestaurant.

Die geringe Siedlungsdichte und wenige Straßen sowie die Weitläufigkeit der Wälder und Wiesenflächen machen das Bilsteiner Bergland zu einer Wanderoase. Die Attendorner Senke trennt Ebbe- und Rothaargebirge, doch liegt das zum Rothaarblock gehörende und ins Südwestsauerland vorspringende Bilsteiner Bergland mit der Hohen Bracht und dem westlich vorgelagerten Fahlenscheid-Höhenrücken noch im Naturpark Ebbegebirge.

Hoch über Hundem- und Olpetal bei Bilstein steht die ➠ **Hohe Bracht** (584 m) ❿ als höchste Erhebung des Bilsteiner Berglands. Ein barrierefreier Naturerlebnisweg (rund 1 km) unterhalb des Aussichtsturms informiert über erdgeschichtliche und kulturhistorische Besonderheiten der Region.

Von Bilstein Richtung Fahlenscheid/Welschen-Ennest gelangt man zum **Forsthaus Einsiedelei** ⓫. Daneben liegt ein Naturschutzgebiet mit einem fast 100 Jahre alten Moorbirkenbruchwald. Zwischen Torfmoosen und Schachtelhalmen fühlt sich das Herzblättrige Zweiblatt wohl. Am Gasthof Fahlenscheid beginnen mehrere ausgeschilderte Wanderwege, u. a. auch zur **Wacholderheide Kihlenberg** ⓬ in den Hängen über dem Rahrbachtal, die mit ca. 8000 Wacholderbüschen eine der größten des Rheinischen Schiefergebirges ist.

WASSERSPORTPARADIES BIGGESEE

Bigge- ❽ und Listerstausee bilden zusammen das größte Wassersportrevier des Sauerlands und sind ein viel besuchtes Freizeitparadies. Die Listertalsperre wurde 1912 errichtet, der Listerstausee (1,6 km^2) war bis zur Fertigstellung der Biggetalsperre 1964 ein eigenständiger Stausee. Heute fungiert er als Vorbecken des buchtenreichen Biggestausees (8,95 km^2), auf dem von April–Sept. die Personenschiffe der Weißen Flotte verkehren.

8 Naturpark Homert

Mit Winnetou ins »Land der 1000 Berge«

ANFAHRT
Auf der A 46 bis Ausfahrt Hemer, weiter auf der B 7 bis Hemer, dort der Beschilderung »Felsenmeer« folgen; nächstgelegener ICE-Bahnhof: Hagen

LAGE
In Nordrhein-Westfalen im nordwestlichen Sauerland zwischen Ruhr- und Lennetal

GRÖSSE
550 km²

HÖCHSTE ERHEBUNG
Homert (656 m)

GRÜNDUNG
1965

INFORMATION
Naturpark Homert, Am Rootharsteig 1, 59929 Brilon

TELEFON
02961/94 32 23

INTERNET
www.naturpark-homert.de

Die sanft gerundeten Kuppen und zerschluchteten Hänge, die Wälder, die Hochflächen und wilden Felsformationen des Naturparks Homert gehören zum Lennegebirge, das sich im südlichen Westfalen zwischen Ruhr und Lenne erhebt und den nordwestlichen Teil des Sauerlands bildet. Namengeber des Parks ist die höchste Erhebung, die bewaldete Homert; das Gebirge wurde nach der Lenne benannt, dem größten Nebenfluss der Ruhr. Während das Gelände nach Norden hin sanft zur Ruhr abfällt, bricht es im Süden und Westen mit Steilstufen ins windungsreiche Lennetal ab. Am Kohlberg entspringt die Hönne, die das großartigste Schluchttal Westfalens schuf.

Spielplatz der Riesen Im devonischen Massenkalk zwischen Iserlohn und Hönnetal liegt das ➠ **Felsenmeer bei Hemer** (13 ha) ❶ als wild zerklüftetes Dolinengebiet aus hellen Kalkblöcken, Türmen und Rippen, dazwischen tiefe Schluchten und kellerartige Vertiefungen – überdacht von

Das Felsenmeer bei Hemer, eine der schönsten Attraktionen im Naturpark

einem 100jährigen Buchenhochwald. Entstanden ist das Felsenmeer vor allem durch den Einsturz von Karsthöhlen, die wohl auch durch den Erzabbau mit verursacht wurden. Ein Rundwanderweg erschließt die imposante Felslandschaft, die seit 1968 als Naturschutzgebiet ausgewiesen, 1988 umzäunt und aus Schutzgründen mit Büschen bepflanzt wurde.
Die **Heinrichshöhle** 2 neben dem Felsenmeer ist eine imposante Tropfsteinschauhöhle, in der auch Knochen eiszeitlicher Tiere gefunden wurden.

In den »Grand Canyon Westfalens« Der canyonartige Abschnitt des ➡ **Hönnetals** 3 zwischen Uhuwänden und Reckenhöhle bei Binolen bildet das wildeste Schluchttal in Westfalen. Die den Massenkalk in Süd-Nord-Richtung durchbrechende Hönne versickert hier bei trockener Witterung und tritt erst zwei Kilometer weiter abwärts wieder zutage. Neben der Talsohle ragen u. a. die Sieben Jungfrauen und die Uhuwände auf, wildromantische Rotbuchenwälder bergen eine artenreiche Flora, und in den Steilhängen verteilen sich die Eingänge von ca. 50 Karsthöhlen, von denen mehrere frei begehbar sind. Im Rahmen einer Führung kann man die Reckenhöhle, eine Tropfsteinhöhle bei Binolen, erkunden. Funde aus den Höhlen sind im Prähistorischen Museum in Balve ausgestellt.
Ein wildromantischer Wanderpfad führt am Eingang der Burghöhle vorbei und schlängelt sich neben der Hönne flussaufwärts zum »Bachustritt« (Bachaustritt): Führt der Fluss Hoch-

MÄRZENBECHER

Leucojum vernum

Der Märzenbecher, auch Frühlingsknotenblume und Großes Schneeglöckchen, blüht von Februar bis Anfang April. Die 10–30 cm hohe Zwiebelpflanze aus der Familie der Amaryllisgewächse hat sehr schmale, hellgrüne Blätter und weiße, grün bespitzte Blüten, die wie Glocken herabhängen (Bild) und so das Blüteninnere vor Schnee und Nässe schützen. Der Märzenbecher wächst wild in feuchten Laubwäldern, auf sumpfigen Wiesen und in Flusstälern. An natürlichen Standorten ist sein Vorkommen stark gefährdet, weshalb er unter Naturschutz steht.

wasser, bildet sich hier eine kleine, künstliche Schnelle, bei Niedrigwasser durchfließt die Hönne ein unterirdisches Höhlensystem.

Die **Balver Höhle** 4 oberhalb des Schluchttalabschnitts der Hönne ist eines der bedeutendsten »natürlichen« Kulturzentren Mitteleuropas. Steinwerkzeuge, Knochengeräte und andere Funde belegen, dass schon Neandertaler vor 100 000 Jahren die Höhle nutzten und ihnen Cro-Magnon-Menschen und mittelsteinzeitliche Rentierjäger folgten. Während der letzten Eiszeit war sie die größte bewohnte Höhle Deutschlands. Dank ihrer hervorragenden Akustik wird die Balver Höhle heute u. a. für Konzerte genutzt (www.balverhoehle.de).

Die **Sorpetalsperre** (7 km lang) 5 ist ein beliebtes Wassersportparadies und dient auch der Wasserversorgung an der unteren Ruhr. Das östliche Ufer ist für den Verkehr gesperrt und bietet herrliche Wandermöglichkeiten.

Ein weißes Blütenmeer In den Buchenwäldern im Naturschutzgebiet **Am Schlehen** 6 wachsen ca. 300 000 Märzenbecher, davon blüht jedes Jahr rund ein Drittel. Vom Parkplatz bei Schloss Brüninghausen im Lennetal ist das Schutzgebiet auf einem Wanderweg leicht zu erreichen (während der Blüte wird das Gebiet bewacht).

Der sanft gerundete ➠ **Schomberg** (648 m) 7 beim Höhendorf Wildewiese an der Sorpequelle ist der Panoramaberg des Naturparks mit weitem Blick auf das »Land der 1000 Berge«. Das Bergdorf Wildewiese ist ein idealer Ausgangspunkt für Wanderungen und im Winter das bedeutendste Skigebiet im Naturpark Homert.

Der sanft hügelige Schomberg bei Wildewiese ist der Panoramaberg des Naturparks.

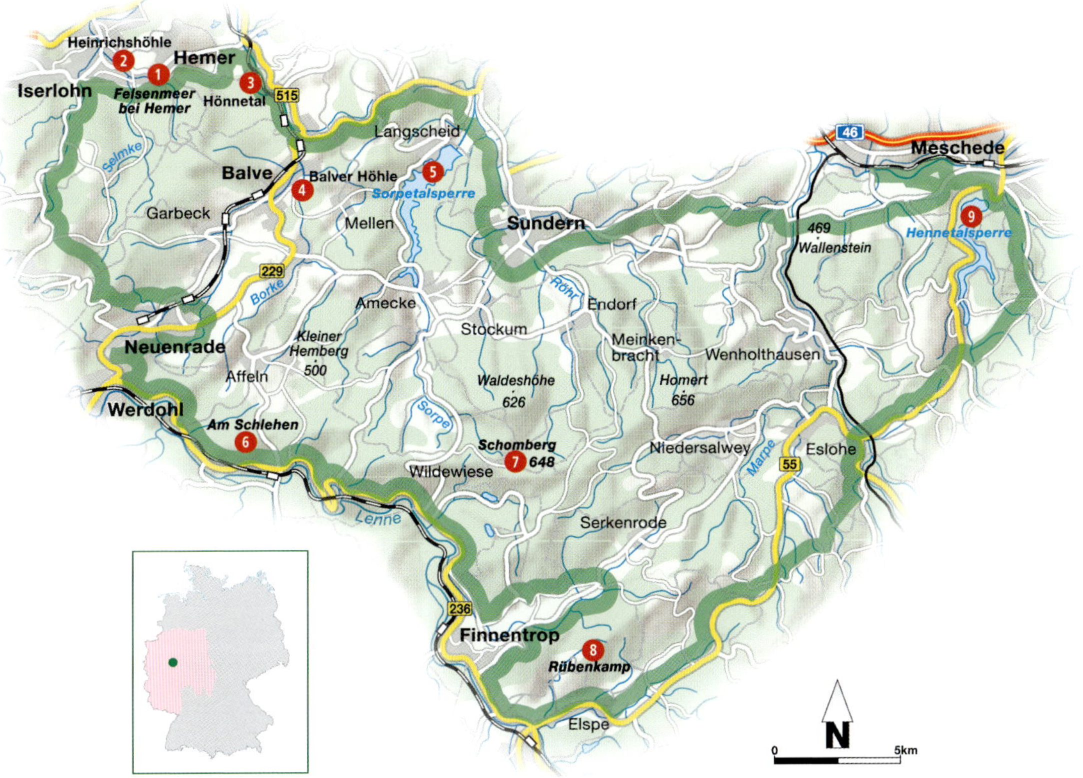

Wacholder, Enzian und Winnetou Beim Karl-May-Festspielort Elspe erhebt sich der ➠ **Rübenkamp** (358 m) **8** mit der schönsten Wacholderheide des Naturparks, und auch die Kalkhalbtrockenrasen mit ihrem Blütenschmuck zählen zu den reizvollsten im Sauerland. Neben Hunderten von Wacholderbüschen wachsen hier eine Vielzahl seltener Pflanzen wie Sumpfherzblatt, Fransenenzian, Alpenziest, Großes Waldvögelein und Sonnenröschen oder Pilze wie der Braungrüne Zärtling sowie Rosen, Schwarz- und Weißdorn. Das Naturschutzgebiet »Melbecke und Rübenkamp« ist zugleich Teil des Schutzgebiets »Kalkbuchenwälder, Kalkhalbtrockenrasen und -felsen südlich Finnentrop«. Im Naturschutzgebiet wurden 1974 zwei vorgeschichtliche Grabhügel entdeckt. Ab dem Mittelalter diente der Rübenkamp als Schafweide. Heute führen zahlreiche Wanderwege durch das Naturschutzgebiet, das ursprünglich nur den Rübenkamp umfasste und später um das Melbecketal mit seinen Felsen erweitert wurde. Die steilen Klippen im Osten des Rübenkamps bilden die Felskulisse der Freilichtbühne von Elspe.

Ganz in der nordöstlichsten Ecke des Naturparks liegt die **Hennetalsperre** **9**. Der Stausee (2 km^2) ist neben der Sorpetalsperre das zweite große Wassersportparadies des Naturparks; ein Rundweg (16 km) startet am Hennedamm. Am südlichsten Seeende lassen sich Graureiher, Eisvögel und Libellen beobachten.

Idyllische Landschaft beim Höhendorf Wildewiese

9 Naturpark Arnsberger Wald

Stille Wälder und Freizeitspaß am »westfälischen Meer«

ANFAHRT
Auf der A 44 bis Ausfahrt Soest/Möhnesee, weiter auf der B 229 bis Möhnesee; nächstgelegener ICE-Bahnhof: Soest

LAGE
In Nordrhein-Westfalen am Nordrand des Sauerlands zwischen Möhne und Ruhr

GRÖSSE
482 km^2

HÖCHSTE ERHEBUNG
Namenlose Kuppe (581 m) zwischen Meschede und Warstein

GRÜNDUNG
1961

INFORMATION
Naturpark Arnsberger Wald, Hoher Weg 1–3, 59494 Soest

TELEFON
02921/30-0

INTERNET
www.naturpark-arnsberger-wald.de

Der Naturpark umfasst neben dem Arnsberger auch den Warsteiner Wald und erstreckt sich am Nordrand des Sauerlands bis auf die Höhen des Haarstrangs zwischen Möhnetal und den Hellwegbörden. Von Neheim-Hüsten an der Mündung der Möhne steigen die von Wald- und Wiesenflächen gegliederten Höhen des Arnsberger Walds zwischen den beiden Flüssen an. Östlich von Warstein endet der Naturpark am Oberlauf der Möhne. Namengeberin von Park und Wald ist der Luftkurort Arnsberg an einer Ruhrschleife am Südfuß des Arnsberger Walds.

Highlights für Wassersportler und Höhlenfreunde Die Anfang des 20. Jahrhunderts als Bruchsteinmauer errichtete Möhnetalsperre staut u. a. Möhne, Heve und Kleine Schmalenau zwischen dem Nordrand des Sauerlands und dem Haarstrang aus Gründen des Hochwasserschutzes und der Energiegewinnung. Der ➠ **Möhnesee** (1) wurde nach Ausweisung des Naturparks 1961 für den Fremdenverkehr erschlossen: Wander- und Radwege säumen den heute flächengrößten (rund 10,4 km^2) Stausee

Vom Wasser aus lässt sich der schöne Möhnesee am besten erkunden.

Nordrhein-Westfalens, das bei Wassersportlern beliebte »westfälische Meer«.

Der **Hevearm** (2) ist eines der größten Naturschutzgebiete Westfalens. An diesem international wichtigen Vogelrastplatz sind ganzjährig Lachmöwen und Blesshühner zu beobachten, im Winter rasten hier rund 20 000 Zugvögel, darunter Fischadler, Löffel- und Spießenten. Zu den Brutvögeln zählen Eisvogel, Haubentaucher, Höckerschwan und Seeadler. In den Uferzonen, am Hevesee und in den Bachtälern haben sich Eichenmisch-, Erlen- und Erlenbruchwälder, Ufergehölze sowie Uferhochstaudenfluren, Röhrichte und Verlandungszonen frei entwickelt. Auch die Erlenbruchwälder der **Möhneaue Völlinghausen** (3) am Zufluss der Möhne sind ein wichtiges Rückzugsgebiet für Wasservögel und Amphibien.

Hervorragend überblicken lässt sich der Möhnesee vom Bismarckturm auf dem **Haarstrang** (4), einem einst von Wiesen, Feldfluren und Gehölzen geprägten Höhenzug, der zu einem der größten Windkraftindustriegebiete Deutschlands wurde. Am Parkplatz am Bismarckturm beginnen auch mehrere lohnende Wanderwege auf den Haarstrang.

Am Rand des Warsteiner Massenkalkgebiets liegt eine der schönsten Tropfsteinhöhlen Westfalens: die ➠ **Bilsteinhöhle** (5). Die Felsen und naturnahen Laubwälder sowie die prachtvollen Ausblicke in der Umgebung ma-

Im Naturschutzgebiet des Möhnesee-Hevearms

chen die Höhle zu einem beliebten Wanderziel. Frei zugänglich ist der angrenzende Wildpark, in dem Dam-, Sika-, Schwarz- und Rotwild sowie Füchse, Waschbären und Luchse beobachtet werden können. Die Tropfsteinhöhle ist die einzige Schauhöhle eines weit verzweigten Höhlensystems (1887 wiederentdeckt). Archäologische Funde belegen, dass die Höhlen schon vor Jahrtausenden genutzt wurden (www.bilsteinhoehle.de).

Reizvolle Felslandschaften Bei Warstein wird in gigantischen Steinbrüchen Kalk abgebaut. Besonders naturschöne Felsgebiete stehen unter Naturschutz, darunter der Oberhagen zwischen Warstein und Suttrop, der Piusberg südöstlich von Warstein und der Hohle Stein bei Kallenhardt. Diese Naturschutzgebiete sind alle sehr klein, bieten jedoch einen großen Pflanzenreichtum und schöne Ausblicke. Stieleichen, Rotbuchen, Ebereschen, Weißdornbüsche und Heckenkirschen prägen den **Oberhagen** 6 sowie Lungenkraut, Buschwindröschen und Sternmiere. Auch der rosarot blühende Türkenbund wächst hier. Anfahrt von der Kirche in Suttrop Richtung Warstein, nach einer Linkskurve links in den Hahnenwall, dann rechts zum »Born« (parken).

Der ➠ **Hohle Stein** 7 ist nach einer hallenartigen Höhle benannt, die seit 9000 v. Chr. genutzt wurde. Viele der Funde aus der Zeit um 250 v. Chr. (Bronzegegenstände, eiserne Nadeln, Topfscherben sowie das Skelett eines geschmückten Mannes) sind im Städtischen Heimatmuseum Lippstadt im Münsterland ausgestellt.

Die »Halle der 60 Riesen« in der Bilsteinhöhle bei Warstein

Höhenweg und Fachwerkpracht Der **Plackweg** **8** verläuft zwischen Ruhr- und Hönnetal. Vom Parkplatz am Gasthaus »Stimm-Stamm« (an der B 55 Warstein–Meschede) folgt man dem Weg (»x1«) ostwärts zum Warsteiner Kopf mit einer Schutzhütte an der Wegeverzweigung »Ausspann«. Von hier kann man dem Rundwanderweg (»A8«) nach Eversberg hinunter und zurück zum »Stimm-Stamm« folgen (ca. 10 km, 2.30 Std.). Das **Hamorsbruch** **9** ist das größte Bruchwaldgebiet des Naturparks: Es liegt am Wanderweg »Plackweg« (nicht am historischen Plackweg) zwischen Hirschberg und »Stimm-Stamm« (von dort in ca. 15 Min.).

Auf einer Anhöhe über dem Ruhrtal am Südrand des Naturparks liegt die Burg- und Bergstadt ➡ **Eversberg** **10**, einer der schönsten Fachwerkorte des Sauerlands. Wahrzeichen ist die Johanneskirche, eine gotische Hallenkirche. Namengeber des Orts ist der Eber – auch im Logo des Naturparks als Charaktertier der Wälder zwischen Ruhr- und Möhnetal zu finden. Von der Burg der Grafen von Arnsberg zeugt noch der als Aussichtsturm begehbare Bergfried mit wunderbarem Blick übers Ruhrtal zum Rothaargebirge sowie zum Arnsberger Wald.

LANDSCHAFTS-INFORMATIONS-ZENTRUM LIZ

Das Landschafts-Informations-Zentrum Wasser und Wald Möhnesee (LIZ) in der historischen Günner Mühle in Möhnesee-Günne (bei **1**) ist das Umweltbildungs- und Naturschutzzentrum des Naturparks Arnsberger Wald. Es betreut u. a. die Naturschutzgebiete Hevearm-Hevesee und Möhneaue Völlinghausen und bietet ganzjährig Exkursionen, Vorträge, Workshops und Aktionen an. Die Dauerausstellung (Bild) in der Günner Mühle stellt die Landschaftselemente Wasser und Wald als »Erlebnisräume« vor (www.liz.de).

Eversberg ist mit seinen Fachwerkhäusern und der Johanneskirche einer der schönsten Orte im Sauerland.

10 Naturpark Rothaargebirge

Rothaarsteig und Astenmassiv – ein Naturpark der Superlative

ANFAHRT
Auf der A 44 bis Autobahnkreuz Werl, dort auf der A 445/A 46 Richtung Arnsberg bis Autobahnende, weiter über B 7 und B 480 nach Winterberg und zum Kahlen Asten; nächstgelegener ICE-Bahnhof: Dortmund

LAGE
Im südöstlichen Nordrhein-Westfalen, umfasst weite Teile von Sauerland, Siegerland und Wittgensteiner Land

GRÖSSE
1355 km^2

HÖCHSTE ERHEBUNG
Kahler Asten (841 m)

GRÜNDUNG
1963

INFORMATION
Naturpark Rothaargebirge,
Am Rothaarsteig 1, 59929 Brilon

TELEFON
02961/94 32 23

INFOZENTRUM
Astenturm auf dem Kahlen Asten

INTERNET
www.naturpark-rothaargebirge.de

Das Rothaargebirge ist der größte und höchste Gebirgszug zwischen Rhein und Weser. An der westfälisch-hessischen Grenze gipfelt es im Langenberg und im Hegekopf, doch der Kahle Asten ist der »König des Sauerlands«. Während sich die höchsten Berge des Rothaargebirges im Naturpark Diemelsee erheben, umfasst der Naturpark Rothaargebirge die Hochflächen, Bergmassive und Kämme vom Quellgebiet der Ruhr bis zum Siegerländer Rothaarkamm mit den Quellen von Eder, Sieg und Lahn. Die wichtigsten Landschaftseinheiten in diesem großen und abwechslungsreichen Gebiet sind die Winterberger Hochfläche mit der Ruhrquelle, das Astenmassiv mit dem Kahlen Asten, der Rothaarkamm, die Hunau und die Saalhauser Berge.

Die Bergheiden – Perlen inmitten der Wälder Der Waldreichtum des Rothaargebirges führte vermutlich zu seinem Namen: Wie Harz, Haardt oder Spessart leitet sich auch »Rothaar« von mittelhochdeutsch »hart« (bewaldetes, bäuerlich genutztes Bergland) ab. Der Zusatz »Rot« könnte auf den Rotbuchenwald verweisen, den das Gebirge vor 1000 Jahren trug. Die Bezeichnung »hardt« ist noch in vielen Bergnamen in Sauerland und Siegerland erhalten und verweist stets auf Waldberge. Wo das Waldkleid im Mittelalter gerodet wurde und Viehweiden entstanden, liegen heute Bergheiden: Die schönsten innerhalb des Naturparks sind die Astenheide auf dem Kahlen Asten, die Heinsberger Heide oberhalb des Schwarzbachtals und die Ginsberger Heide am Giller sowie die Wacholderheide »Auf dem Gebrannten« im oberen Rüsselsbachtal bei Bad Berleburg-Wemlighausen. Das Naturschutzzentrum »Biologische Station Hochsauerlandkreis« in Bödefeld am Nordfuß der überwiegend noch von Buchenwäldern geschmückten Hunau dokumentiert als »Erlebnismuseum« die Entwicklung der Landschaft und ihre Veränderung durch den Menschen.

Weiter Ausblick über den Naturpark von der Panoramabrücke bei Winterberg

Der »König des Sauerlands« Der bekannteste Panorama- und Wintersportberg des Sauerlands ist der ➠ **Kahle Asten** ❶. Auf seinem Gipfel erhebt sich der Astenturm mit Restaurant und höchstgelegener Wetterstation Nordrhein-Westfalens, daneben steht das Infozentrum des Naturparks. Von hier und dem Berghotel »Kahler Asten« am Rothaarsteig gehen Wanderwege in alle Himmelsrichtungen aus. Ein Naturlehrpfad führt durch die aussichtsreiche Bergheide am Gipfelplateau.

Ab dem Mittelalter trieben die Bergbauern ihr Vieh auf den damals mit Rotbuchen bewachsenen Astenberg. Der Verbiss der jungen Bäumchen stoppte die natürliche Waldverjüngung, der Asten wurde »kahl«. Seit 1965 steht die Astenheide, ein Pflanzenparadies, unter Naturschutz. Mindestens einmal jährlich wird die Hochheide von Heidschnucken beweidet und so die Heide offen gehalten. Von hier bieten sich wundervolle Panoramen auf die Bergwelt beidseits des tief eingeschnittenen Lennetals, ins Namenlosetal, zur bewaldeten Hunau, zum Langenberg (843 m) und zu den Bruchhauser Steinen am Istenberg. Am Rand der Astenheide entspringt die Lenne, die Hauptwasserader des Hochsauerlands und Namensgeberin des Bergs: »A-sten« bedeutet »Wasser-stein«.

Historische Grenzlinie Die **Hunau** ❷ (818 m) ist ein vom Astenmassiv ausstrahlender Höhenzug und mit seinen Quellen, Tälern, Mooren und Buchenwäldern als Naturschutzgebiet ausgewiesen. Mehrere Wanderwege führen durch das Gebiet, etwa zu den Mooren Nasse Wiese und Raues Bruch sowie durchs Renautal. Ein guter Ausgangspunkt ist der Wanderparkplatz »Großes Bildchen« (an der Kreisstraße Winterberg–Altastenberg–Ober-, Mittel-/Niedersorpe).

Südwestlich des Asten erstreckt sich der **Rothaarkamm** ❸, das Rückgrat des Rothaargebirges. Der ab den aussichtsreichen Winterberger Bergdörfern Langewiese und Hoheleye fast durchgehend bewaldete und

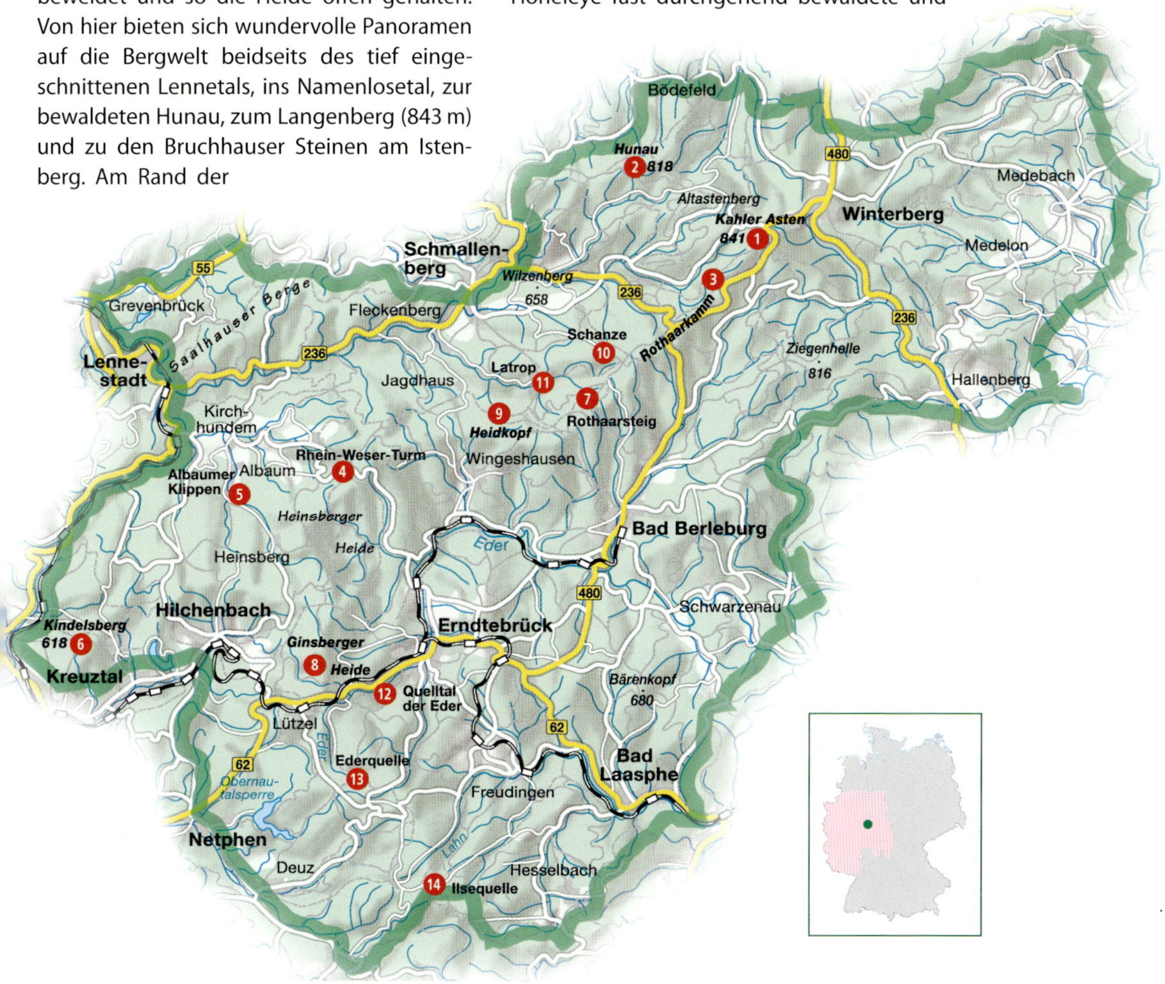

Auf dem Kahlen Asten erlebt man das Sauerland von einer seiner schönsten Seiten.

weitgehend siedlungsfreie, beidseits steil abfallende Kamm gipfelt im Härdler (756 m) und bildet seit Beginn der geschichtlichen Überlieferung eine wichtige Grenze: Dialekt, Architektur, Kreisgrenzen, Schnadesteine (Grenzsteine) und Reste von Demarkationslinien wie das Kölsche Heck, katholische Gotteshäuser nördlich und evangelische südlich des Kamms zeugen bis heute davon. Die früher kurkölnisch-katholischen Gebiete liegen auf der Nordwestseite des Kamms und sind unter dem Namen »Sauerland« (»Söderland«: Südland Westfalens) bekannt. Zwischen Kahlem Asten und Hoheleye folgt der Rothaarsteig dem »Grenzweg«. An Festtagen ziehen farbenprächtige Prozessionen zu Orten wie dem Wilzenberg, dem »heiligen Berg des Sauerlands« zwischen den Tälern von Grafschaft und Lenne.

Eine hervorragende Übersicht über den Verlauf des Rothaarkamms und die beiden Gebiete vermittelt der **Rhein-Weser-Turm** 4 (1932) an der Passstraße von Kirchhundem nach Bad Berleburg, an der Wasserscheide von Rhein und Weser: vom bewaldeten Härdler, dem höchsten Berg des Rothaarkamms, über die Saalhauser Berge mit dem Hohen Lehnberg (667 m), die Kuhhelle (603 m) bei Lennestadt bis zur Hohen Bracht. Am Turm verlässt der Rothaarsteig den Kamm und führt ins Schwarzbachtal mit seinen unter Naturschutz stehenden Auen. Nach dem Gegenanstieg durch ein schönes Seitental erreicht er an der Heinsberger Heide wieder den Rothaarkamm, auf dem man bequem zum Turm zurückgelangt. Vom Kammweg kann man einen Abstecher zu den **Albaumer Klippen** 5 unternehmen (Markierung »weißes Rechteck«, 30 Min.): Die von Wäldern umgebene imposante Felsgruppe aus Keratophyr bietet einen prachtvollen Blick auf die Bilsteiner Berge und das Kloster Maria Königin.

Der **Kindelsberg** 6 (618 m) ist das Wahrzeichen des Siegerlands und ein beliebtes Ausflugsziel mit Aussichtsturm, Gaststätte und Waldlehrpfad.

Auf dem Rothaarsteig Von Brilon im Hochsauerland führt der ➠ **Rothaarsteig** 7 über die höchsten Höhen des Rothaargebirges und folgt nach Überschreiten des Kahlen Asten dem waldreichen Rothaarkamm nach

Jagdhaus, weiter durchs Schwarzbachtal zu Heinsberger und Ginsberger Heide und zu den Quellen von Eder, Lahn, Sieg und Ilse und endet in Dillenburg (gesamt 154 km). Der bequeme Mittelgebirgs-Höhenweg hält sich meist von Siedlungen fern und orientiert sich an den Glanzpunkten von Rothaargebirge und Hohem Westerwald: an den höchsten Kämmen und aussichtsreichsten Gipfeln Nordrhein-Westfalens, an Felsen mit exzellentem Blick auf das »Land der 1000 Berge«, an Quellen, Naturschutzgebieten, Buchenwäldern und Bergheiden. Die Hochsauerlandvariante (ca. 14 km) führt durch eines der urtümlichsten Waldtäler des Naturparks. Insgesamt ist der Rothaarsteig ca. 220 Kilometer lang.

Das Gebiet der ➠ **Ginsberger Heide** (8) mit der Burgruine Ginsburg und dem Giller (653 m) bei Hilchenbach-Lützel zählt zu den landschaftlich schönsten am Rothaarsteig und ist ganzjährig ein viel besuchtes Ausflugsziel. Das Naturschutzgebiet »Giller« umfasst die Heidegebiete auf dem hier hochflächenartig weiten Rothaarkamm an der Wasserscheide zwischen Eder und Sieg: Der in der Ginsberger Heide entspringende Wehbach entwässert über die Eder in die Weser, die westlich gelegenen Quellen in den Rhein. Kleine Moore entstanden in flachen, wannenartigen Senken, die wegen des zu geringen Abflusses versumpften. Die Hochfläche wurde ab dem Mittelalter als Weide genutzt, der Verbiss junger Baumtriebe durch das Vieh verhinderte die Verwaldung, eine hochheideartige Vegetation entwickelte sich. Vom Aussichtsturm auf dem Giller sowie vom Burgfried hat man fantastische Ausblicke.

Einsame Wälder, schmucke Dörfer Zwischen Heidenstock und dem Höhenweiler Jagdhaus liegt am Rothaarkamm das größte zusammenhängende Naturwaldgebiet des Rothaargebirges. Am besten wandert man von Jagdhaus in wenigen Minuten auf den **Heidkopf** (9) mit herrlichem Blick auf die Wälder im Nordhang des Rothaarkamms und über das Latroper Grubental zum Höhendorf ➠ **Schanze** (720 m) (10), das am Ende einer von Schmallenberg-Grafschaft heraufführenden Stichstraße liegt und Namengeber des Waldgebiets ist. Die zwei Dutzend Häuser stehen direkt an Rothaarsteig, Europäischem Fernwanderweg 1 und dem Waldskulpturenweg von Schmallenberg nach Bad Berleburg. Am unteren Eingang des Grubentals liegt das

Eine Landschaft von anmutiger Schönheit – der Höhenzug der Hunau

Die Ginsburg in der Nähe der Ginsberger Heide

malerische Fachwerkdorf ➠ **Latrop** ⓫, das sich hervorragend als Ausgangspunkt zur Erkundung dieses Gebiets eignet und zu den schönsten Fachwerkdörfern im Naturpark zählt (2004 Auszeichnung als »Bundesgolddorf«). Die Latroper Mühle in der Dorfmitte wurde zum Waldarbeitermuseum umgebaut. Das Oberdorf wird von der Sankt-Josefs-Kapelle (1906) überragt und hat einen parkartigen Dorfgarten neben der Latrop (mit Infotafel). Von dort führt der Rothaarsteig unter alten Laubbäumen ins Grubental. An der Dicken Eiche vorbei führt der Weg im Laubwald aufwärts; oberhalb eines Fischteichs löst Schluchtwald die Wiesen ab. Am entlang Bach weiter zum Altarstein (auf einer Stegbrücke erreichbar) neben einem Weiher – ein traumhaft schöner Rastplatz in herrlicher Natur.

Der Waldskulpturenweg von Schmallenberg nach Bad Berleburg

Quellenreiches Land Am südlichen Rothaarkamm entspringen die Quellen von Eder, Sieg und Lahn und verlassen das Gebirge in verschiedene Himmelsrichtungen: Die Eder strebt der Fulda zu, Sieg und Lahn suchen sich ihren Weg in den Rhein. Die am weitesten südlich gelegene Flussquelle ist die der Lahn: An der Eisenstraße beim Gasthof »Forsthaus Lahnquelle« in Netphen-Lahnhof befindet sich unter alten Eschen der um 1750 angelegte Quellteich (605 m). In ihm sammeln sich die sieben verschiedenen Quellarme des Flusses.

Das schöne **Quelltal der Eder** ⓬ oberhalb von Lützel zählt zu den am häufigsten durchwanderten Tälern des Rothaargebirges. An der Quelle beginnt auch der sehr beliebte Ederradweg. Die Talwanderung durch Birkenbruchwälder und bunte Blumenwiesen ist in beiden Richtungen gleich lohnend und eignet sich auch für Tagesausflügler. Ausgangspunkt ist der Bahnhof Lützel an der Rothaarbahn, wo man direkt in den Rothaarsteig einsteigt (Markierung weißes R auf Rot, 1 Std. zur Ederquelle; oder alternativ vom Wanderparkplatz »Ederquelle« an der Straße Lützel–Lahnhof in ca. 10 Min). Besonders beeindruckend ist der Moor- und Birkenbruchwald des Naturschutzgebiets Eicherwald. Die **Ederquelle** (630 m) 13 im Hang des Ederkopfs ist eine Sickerquelle auf moorigem Untergrund zwischen Wiesen und Wald. Seit der Renaturierung des Quellgebiets ab 1992 sind die Fichten u. a. durch Birken und Erlen ersetzt worden. Zahlreiche Infotafeln erläutern den Charakter des Niedermoors, dem die Quellwässer der Eder entsickern, und durch den z. T. ein Bohlensteg führt.

Die **Ilsequelle** 14 am Rothaarsteig ist heute wieder der berühmteste »heilige Born« des Rothaargebirges. Mit Kanistern und Flaschen pilgern viele vom Parkplatz zur Quelle am Jagdberg in der Hoffnung, das Wasser möge ihnen Heilung oder Linderung bringen. Zu Tausenden strömten im Mittelalter Gläubige zu der Quelle am Jagdberg und die Reformation konnte dieses »Therapiezentrum« nur vorübergehend als Ort finsteren heidnischen Aberglaubens in Bann stellen. Die Gelder, die viele Besucher an der Quelle zum Dank zurückließen, flossen auch in soziale Einrichtungen wie der Armenspeisung. Erst die Wirren des Dreißigjährigen Kriegs beendeten die Blütezeit des »heiligen Borns«. Am besten parkt man am Lahnhof an der Eisenstraße und folgt dem Rothaarsteig zur Ilsequelle (20 Min.); die Straße zum Lahnhof zweigt in Lützel von der B 62 ab.

HÄNGEBRÜCKE AM ROTHAARSTEIG

Unter den zahlreichen »Erlebnisstationen« am Rothaarsteig 7 ist die »Ökostation Wald« sicher die spannendste: Hauptattraktion ist eine 40 m lange, über einem schluchtartigen Seitental des Schladebachs schwingende Hängebrücke. Von ihr aus ist ein künstliches Spinnennetz sichtbar, an dem Tiere und Pflanzen auf Holztafeln dargestellt sind. Ausgangspunkt für die kurze Wanderung zur Hängebrücke ist der Waldparkplatz an der Rodung Kühhude am Ende der von Bad Berleburg auf den Rothaarkamm führenden Stichstraße. Dort stehen im Wald gigantische Skulpturen am Waldskulpturenweg von Bad Berleburg nach Schmallenberg. Die Wanderung zur Brücke und zurück dauert knapp 1 Std.

Erfolgreiche Renaturierung: Im Eder-Quellgebiet sind wieder urwüchsige Bruchwälder entstanden.

11 Naturpark Diemelsee

Stilles Naturparadies und lebhafter Freizeitsee

ANFAHRT
Auf der A 44 Kassel–Dortmund bis Ausfahrt Marsberg-Zentrum, dann auf der B 7 bis Marsberg und nach Obermarsberg; nächstgelegener ICE-Bahnhof: Warburg

LAGE
Im nördlichen Rothaargebirge in Hessen und Nordrhein-Westfalen

GRÖSSE
334 km^2

HÖCHSTE ERHEBUNG
Langenberg (843 m)

GRÜNDUNG
1965

INFORMATION
Naturpark Diemelsee, Südring 2,
34497 Korbach

TELEFON
05631/95 43 58

INTERNET
www.naturpark-diemelsee.de

Wo sich im waldreichen westfälisch-hessischen Grenzgebiet die höchsten Berge des Rothaargebirges erheben, entspringt die in die Weser mündende Diemel. Am Fuß des Eisenbergs ist sie zum Diemelsee aufgestaut, der zugleich Namensgeber, Mittelpunkt und Wassersportparadies des zu zwei Dritteln in Hessen und zu einem Drittel in Nordrhein-Westfalen gelegenen Naturparks ist. Ein fast geschlossenes Waldkleid in den Hochlagen sowie aussichtsreiche Grünland- und Ackerfluren in den niedrigen Lagen prägen die durch zahlreiche Bachtäler reich gegliederte Landschaft.

Sachsen-Heiligtum und Nibelungenschatz Auf dem von einem Höhlenlabyrinth durchzogenen »Eresberg« (Erzberg) zwischen Diemel- und Glindetal im äußersten Norden des Naturparks liegt die zauberhafte Bergstadt ➠ **Obermarsberg** (1) mit verwinkelten Gassen, Fachwerkhäusern und der Kapelle auf dem Kalvarienberg mit atemberaubendem Panoramablick. Einst soll am Eresberg die Irminsul, der sächsische Weltenbaum, gestanden haben.

Unterhalb der Umwallung des Eresbergs öffnet sich im Steilhang über dem Diemeltal einer der Eingänge der großen Drachenhöhle, die sich bis unter das historische Alte Rathaus der Bergstadt hinzieht. Zur Zeit der Stadtgründung (1220) wurde auf dem Eresberg Erz abgebaut. Nach dem »Erzberg« (lat. mons martis) trägt die Stadt Marsberg bis heute ihren

Der Diemelsee ist das blaue Herz des Naturparks (Blick vom Eisenberg).

Namen. Das Besucherbergwerk Kilianstollen im Glindetal in Niedermarsberg erinnert an den dortigen Kupferabbau.

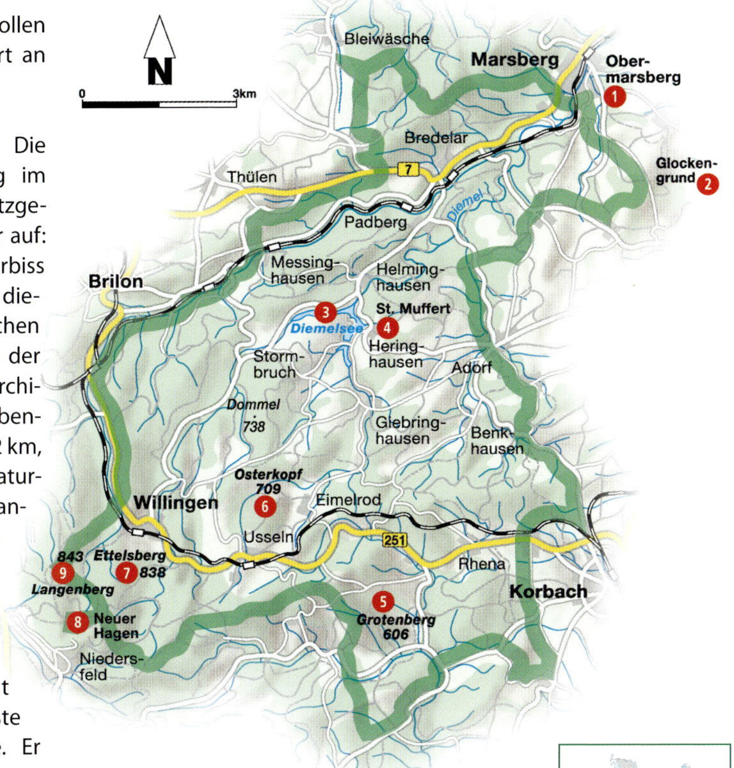

Naturparadiese und Freizeitträume Die historische bäuerliche Bewirtschaftung im Umkreis der Bergstadt lebt im Naturschutzgebiet **Glockengrund** 2 bei Udorf wieder auf: Rund 800 Wanderschafe sorgen durch Verbiss dafür, dass Bäume und Buschwerk sich in diesem vor 1000 Jahren gerodeten bäuerlichen Kulturland nicht wieder ausbreiten und der Glockengrund ein Lebensraum für Orchideenarten wie das Dreigezähnte Knabenkraut bleibt. Ein Rundwanderweg (2 km, Infotafeln) führt durch dieses Naturparadies, in dem über 40 bedrohte Pflanzenarten ein Rückzugsgebiet gefunden haben (Start am Parkplatz am südlichen Rand von Marsberg-Udorf).

An der Grenze von Hessen und Nordrhein-Westfalen, eingebettet zwischen Feldfluren und bewaldeten Bergen, liegt der ➡ **Diemelsee** 3, der größte (1,65 km^2) Stausee im Rothaargebirge. Er

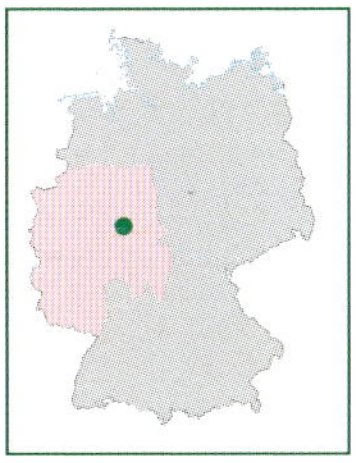

dient der Elektrizitätsgewinnung und der Wasserstandsregulierung von Weser und Mittellandkanal und ist der größte Wassersport- und Freizeitsee im Rothaargebirge. Die Felskanzel **Sankt Muffert** 4 am Eisenberg, über einen steilen Wanderweg zwischen Helming- und Heringhausen erreichbar, bietet einen traumhaften Blick auf See und Rothaargebirge. Der größte Teil der von Diemel, Itter und kleineren Bächen gespeisten Wasserfläche des Sees liegt auf dem Gebiet der hessischen Gemeinde Diemelsee. Die Staumauer (194 m lang, bis 42 m hoch) wurde 1912–24 am Rand des westfälischen Dorfs Helminghausen errichtet.

Um das interessante Magerrasen-Naturschutzgebiet **Grotenberg** 5 am Uplandsteig zu erreichen, fährt man auf der B 251 von Willingen nach Usseln und biegt dort nach Welleringhausen ab. Von dem kleinen Dorf mit alter Wehrkirche führt ein Wanderweg auf den Grotenberg (20 Min.) mit überragender Aussicht.

Ebenfalls wieder von Schafen beweidet wird der ➡ **Osterkopf** (709 m) 6, Hausberg des Kurorts Usseln. Vom Bahnhof folgt man dem Wanderweg Richtung Eimelrod, zweigt ober-

Idyllisches Städtchen: der Ortskern von Obermarsberg

halb des Orts links ab zum aussichtsreichen Gipfel (20 Min.). Der Bergkegel trägt hier einen Hochheide-Borstgrasrasen (insgesamt 80 ha), der wegen seines außergewöhnlich großen Reichtums an Moosen und Flechten sowie der artenreichen Vogelwelt als Naturschutzgebiet ausgewiesen ist.

Klettern, Wandern, Mountainbiken Der beste Panorama- und Freizeitberg des Naturparks Diemelsee ist der ➡ **Ettelsberg** (838 m) 7, mit der Sesselbahn vom Kurort Willingen ein erstklassiger Ausgangspunkt für Wanderungen und Mountainbike-Touren. Ein Naturparadies ist die unter Naturschutz stehende Hochheide auf dem Gipfelplateau. Der

WILD- UND FREIZEITPARK AM ETTELSBERG

Dieser Park am Hang des Ettelsbergs 7 besteht aus Wildgehege, Märchenpark und Waldlehrpfad, der die heimische Flora und Fauna vor Augen führt. Dam- und Sikawild, Rothirsche, Mufflons (Bild), Steinböcke, Wildschweine, Braunbären, Hängebauchschweine, Affen, Papageien, Ziegen und viele andere einheimische und exotische Tiere sind im Wildgehege zu bewundern. Fast täglich gibt es eine Greifvogelvorführung mit Lehrvortrag. Die Zufahrt zum Wildpark ist in Willingen ausgeschildert (www.wildpark-willingen.de).

Unterwegs auf dem Uplandsteig

Hochheideturm bietet mit seiner Plattform auf 875 Metern den höchsten Aussichtspunkt des Rothaargebirges.
Von der Bergstation führt ein Wanderweg (ca. 30 Min.) zur Hoppeckequelle im Naturschutzgebiet **Neuer Hagen** 8, einer der größten Bergheiden Westfalens. Das Naturschutzgebiet (74 ha) liegt auf ca. 800 Metern Höhe auf einem Südausläufer des Langenbergmassivs und ist ein Biotopverbund, der neben den flachwelligen Heideflächen kleine Hangquellmoore, Kleinseggenriede und Quellen sowie auf trockenen Kuppen Borstgrasrasen umfasst. Auch hier werden die Heideflächen von Schafen beweidet.
Upland- und Rothaarsteig führen weiter zum **Langenberg** (843 m) 9, höchster Berg des Rothaargebirges. Fünf Minuten weiter gelangt man zur »Schönen Aussicht« mit Blick auf viele Hochsauerlandberge und -rücken. Durch schönen Wald geht es zur Raststelle »Richtplatz« und im Abstieg zurück nach Willingen (gesamt ca. 4 Std.).

Wanderschafe tragen zur Erhaltung des ökologischen Gleichgewichts bei.

12 Nationalpark Kellerwald-Edersee

Märchenhafte Wälder in Deutschlands jüngstem Nationalpark

ANFAHRT
Auf der A 44 Kassel–Dortmund bis Ausfahrt Diemelstadt und weiter auf der B 252 über Korbach bis zum Hagenstein bei Kirchlotheim. Mit der Bahn bis Bad Wildungen; vom Bahnhof mit dem Bus Richtung Hemfurth, Edersee/Bringhausen (Linie 521) oder Frankenau (Linie 559)

LAGE
In Nordhessen, ca. 50 km südwestlich von Kassel

GRÖSSE
57 km^2

HÖCHSTE ERHEBUNG
Traddelkopf (626 m)

GRÜNDUNG
2004

INFORMATION
Nationalparkamt Kellerwald-Edersee, Laustr. 8, 34537 Bad Wildungen

TELEFON
05621/75 24 90

INFOZENTRUM
NationalparkZentrum Kellerwald in Vöhl-Herzhausen

INTERNET
www.nationalpark-kellerwald-edersee.de

Der Wechsel von tief eingeschnittenen Tälern und reich gegliederten Bergkuppen, ausgedehnten Mischwäldern, blumenreichen Wiesentälern und quirligen Bachläufen verleiht dem Kellerwald einen ganz eigenen Charakter. Nach Norden begrenzt der Ederstausee den Nationalpark, der von einem Zaun umfasst wird. Um die Jagdflur zu sichern und die Bauern vor Wildschaden zu schützen, wurde zwischen 1894 und 1904 ein Gehege eingezäunt, aus dem 100 Jahre später der 5724 Hektar große Nationalpark entstand. Wegen der felsigen und steilen Berghänge konnten die Wälder wirtschaftlich nicht mehr genutzt werden, und so bildete sich ein urwaldähnlicher Laubwald, den es in dieser Größe und Vielfalt kaum ein zweites Mal in Deutschland gibt.

Auf dem Urwaldsteig Rund um den Edersee, durch die Trockeneichenwälder des nördlichen Ufers und den Nationalpark Kellerwald-Edersee im Süden, führt seit 2005 der »Urwaldsteig« (68 km, 3 Tage), der in Etappen die ursprünglichsten Teile des Nationalparks berührt. Der wesentlich längere Kellerwaldsteig (11 Tage) streift die interessantesten Landschaften. Über beide Steige erreicht man die »Loreley des Edertals«, den **Hagenstein** ❶, an dessen Steilhang sich eine eigenwillige Blockhalde herausgebildet hat. Sie entstand durch Verwitterung, Abspülung und Auswaschung, übrig blieben eigentümliche Anhäufungen von Steinblöcken. Das setzt ein Gestein voraus, das zu groben Blöcken verwittert, z. B. festen Sandstein, Granit oder Basalt. Buchen, vereinzelt auch Eichen, zeigen wegen der Trockenheit des sonnenverwöhnten Steilhangs verkrüppelte, buschartige Wuchsformen; urtümliche, märchenhafte Waldbilder entstehen. Eichen und Hainbuchen über einem üppigen Teppich von Perlgras besiedeln die wechseltrockenen Hangmulden. In dem besonders geschützten Gebiet des Hagensteins lebt der Steppengrashüpfer, ein Relikt der nacheiszeitlichen Wärmeperiode. An sonnigen Flecken blühen Großblütiger Fingerhut und Graslilie. Die Tonschieferfelsen am Oberhang sind von seltenen Kleinfarnen, Felsenmispelgebüsch, Schwalbenwurz und wilden Rosen bewachsen (Wanderung zum Hagenstein ca. 1 Std. vom Gasthof »Zum Elsebach« in Schmittlotheim).

Der Ederstausee ist eine landschaftliche Bereicherung und die nördliche Grenze des Nationalparks.

Weglose Wildnis Zur Kernzone im Norden des Nationalparks gehören ➠ **Arensberg ❷** und Ringelsberg, die durch den Talzug des Bärenbachs getrennt sind. Die Nordseite des Arensbergs, die Wooghölle, stürzt steil zum Edersee ab. Eine ins frühe 18. Jahrhundert zurückreichende forstliche Chronik bekundet, dass es hier aufgrund der Unwegsamkeit keine Waldnutzung gab. Begünstigt durch den lokalen Einfluss des nährstoffreichen Zechsteins hat sich ein Urwald ausgebildet mit anspruchsvollen Baumarten in allen Entwicklungsstufen, darunter Esche, Linde, Bergulme und -ahorn, sowie Unterwuchs, Jungwuchs, stehendes und liegendes Totholz und eine reiche Pilzflora. Über Felsen und abgesprengtem Gestein wuchern Moose und Farne. Selbst auf dem Plateau des Arensbergs erstaunt der Bewuchs mit über 200 Jahre alten kurzschäftigen Buchen, zu denen sich Eichen gesellen. Marder, Dachs und Rothirsch haben hier einen naturnahen Rückzugsraum.

Wie eine Halbinsel schiebt sich der **Ringelsberg ❸** in den Edersee; sein Westhang fällt steil ab und ist mit Bäumen bewachsen, deren Wurzeln zwischen losem Geröll und auf felsigem Grund Halt suchen. Fischadlern bietet diese ruhige Region eine Heimat, auch die seltenen, sehr scheuen Schwarzstörche brüten hier. Arens- und Ringelsberg gelten als störungsempfindliche Zone. Nur der »Ringelsberg-Wildnis-Erlebnis-Pfad«, ein Teilstück des Urwaldsteigs, führt durch das sensible Gebiet (günstiger Ausgangspunkt: Parkplatz an der alten Ederbrücke in Asel-Süd).

Vielfalt der Waldgesellschaft Der **Bloßenberg ❹** ist von Asel-Süd über den Ederufer-Weg gut zu erreichen (alternativ von Edertal-Bringhausen durchs »Eiserne Tor«). Auf seinen ausgedehnten Blockhalden wachsen uralte Krüppelwälder, mit Besenginster durchsetzt. Seine Kuppe besiedelt ein 200 Jahre alter Eichenwald. In die Stämme der mächtigen toten Eichen schlagen Spechte ihre Bruthöhlen; Waldfledermäuse leben in verlassenen Baumhöhlen.

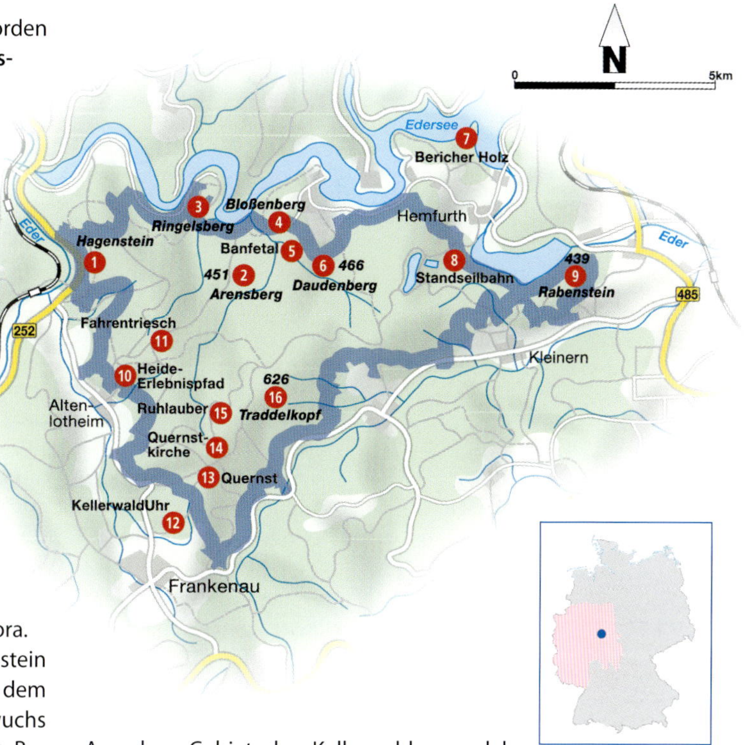

Aus dem Gebiet des Kellerwalds sprudeln zahlreiche Bäche zur Edertalsperre. Im **Banfetal ❺**, unterhalb des Bloßenbergs, wechseln Waldwiesen mit wasserliebenden Erlen und Weiden. Am Bachufer sammeln sich Totholz und angeschwemmtes Pflanzenmaterial. Nach starkem Regen verwandelt sich dieses »Genist« in kleine Flöße, auf denen Schnecken und Insekten vor den reißenden Fluten Rettung finden.

Abhängig von Gestein, Wasserhaushalt und Lage des Berghangs in Bezug auf den Sonneneinfall haben sich rund um den ➠ **Daudenberg ❻** unterschiedlichste Waldtypen entwickelt. Nur selten ist ein solch totholzreicher Mischwald mit Hainbuchen, Mehlbeeren und Eichen anzutreffen wie hier in den trockenen bis wechseltrockenen Bereichen des Nordhangs. Mit weitreichenden Wurzeln suchen Eichen und Buchen sowie die hier standortfremden Kiefern nach spärlichen Nährstoffen im Boden. Den Nordwesthang des Daudenbergs mit einer feuchten, nährstoffreichen Rinne besiedeln Spitzahorn und Winterlinde. Darüber findet sich ein Eschen-Ulmen-Schatthangwald, der durch zwei Quellaustritte reichlich mit Wasser versorgt wird. Aber auch vor diesem Gebiet hat das Ulmensterben der letzten 20 Jahre nicht Halt

Ein kleiner Aussichtsturm markiert den Standort der ehemaligen Kirche auf dem Quernst.

gemacht. Auf dem Gipfel des Daudenbergs scheint der Boden üppiger, er trägt einen Edellaubholzwald mit Esche, Linde, Ulme und Eiche sowie Schlüsselblumen und Lerchensporn. Die Grauwacken-Blockhalde am Westhang besiedelt die für den Nationalpark typische, europaweit sehr seltene Pfingstnelke. Vom »Eisernen Tor« oberhalb von Bringhausen startet man den Rundweg um den Daudenberg (3 Std.). Man kann auch über den Daudenberg eine ausgedehnte Tour ins Banfetal oder die Durchquerung des Nationalparks in Richtung Frankenau anschließen.
Wie eine Halbinsel ragt das ➠ **Bericher Holz** 7 in den Edersee hinein. Wissenswertes über Wald und Geologie vermittelt das Buchen-Infozentrum Fagutop direkt neben dem sehenswerten Wildpark.

Hinauf mit der Standseilbahn Auf die Höhen des Nationalparks, auf den Peterskopf mit schönem Rundblick, gelangt man bequem mit der **Standseilbahn** 8 bei Hemfurth (Talstation in einer der größten Kavernen Europas).
Durch das Kleinersche Tor bei Kleinern erreicht man den östlichsten Teil des Nationalparks, das Gebiet um den ➠ **Rabenstein** (439 m) 9. Den Gipfel nimmt ein kleiner Teich mit Seggensümpfen und vermoorten Randbereichen ein, die »Blaue Pitsche«, umgeben von alten Hutungsflächen und verwitterten Baumgestalten. In den flechten- und moosreichen Eichenwäldern an Süd- und Osthang lebt der seltene Mittelspecht. In Mehlen beginnt ein schöner Weg, der zunächst durch wechselhafte Kulturlandschaft auf die Ostseite des Rabensteins und in einer Runde um den Berg zurück führt.

Vergessenes Land im Hochwald Altenlotheim könnte man als das westliche Tor zum Nationalpark bezeichnen. Oberhalb erstreckt sich eine Wacholderheide und auf dem **Heide-Erlebnispfad** 10 lernt man, die Heide zu riechen, zu fühlen und zu sehen.
Weiter führt der Weg von Altenlotheim hinauf zum **Fahrentriesch** 11. Anfang des 14. Jahrhunderts rodeten hier die Bauern, siedelten und versuchten, dem Waldboden Getreide und Grünfutter abzuringen. Schon nach wenigen Jahren gab man die Siedlung wieder auf, da die Erträge zu gering und die Abgaben an den Fürsten zu hoch waren. Die Äcker verwilderten, und die Natur überwucherte die Siedlungsreste. Da das Fahrentriesch weiterhin als Weideland genutzt wurde, konnte der Wald dieses Gebiet nicht zurückerobern. Es entstand eine ausgedehnte Gras- und Heidefläche mit seltenen Pflanzen wie Arnika. Einst im Kellerwald sehr verbreitet, ist sie jetzt auf wenige Einzelvorkommen beschränkt, ebenso wie Wald-Läusekraut und Borstgras. Mächtige Hutebuchen am Heiderand und Einzelfichten verleihen der Landschaft ein fast nordisches Gepräge. Das Fahrentriesch ist am besten über Altenlotheim (2 km Wanderstrecke ab Parkplatz Sportplatz) oder Schmittlotheim (mit Elsebach-Waldlehrpfad ca. 5 km) zu erreichen.
Im schmucken Ferienpark bei Bad Frankenau befindet sich die Nationalparkinfo **KellerwaldUhr** 12, und in der Nähe beginnt der Waldhistorische Lehrpfad, der an 30 Stationen über Geschichte und Entstehung des Walds nach der letzten Eiszeit, über die Köhlerei und die Ruine der Quernstkirche sowie über Ackerbau und Jagd informiert. Entlang jahrhundertealter Grenzen führt der Pfad (ca. 4,5 km) zum Dreiherrenstein, wo einst die Territorien Hessen-Darmstadt, Hessen-Kassel und Waldeck aneinander stießen. Die Waldgeschichte der Region ist spannend und Grundlage für das, was bis heute erhalten blieb: ein intaktes großes Waldgebiet (Führungen ab KellerwaldUhr Frankenau auf Anfrage, Tel. 06455/75 95 41).

Kulturhistorischer Höhepunkt Auf der flachen, waldlosen Kuppenlage der ➠ **Quernst**

Auf der Heidefläche des Fahrentriesch wachsen Arnika, Wald-Läusekraut und Borstgras.

⑬ erhebt sich aus mannshohem Grasmeer ein an den Glockenturm einer Kirche erinnernder Aussichtspunkt. Früher stand hier ein Gotteshaus, die **Quernstkirche** ⑭ (vermutlich 8. Jh.). Heute sind noch die freigelegten Reste der ursprünglichen Friedhofsmauer zu erkennen. Die Quernst ist vom Feriendorf bei Frankenau über den südwestlichen Haupteingang des Nationalparks zu erreichen. Der Weg von der KellerwaldUhr zur Quernstkirche zählt zu den kürzeren, aber schönsten Wanderstrecken im Nationalpark.

Weiter führt der Weg zum **Ruhlauber** ⑮, einem zusammenhängenden Hallenwald. Wie schnell sich Unter- und Totholz im freien Nutzwald wandeln, wenn er sich selbst überlassen bleibt (seit 1989), sieht man hier. Schnell hat sich unter den mächtigen, 200-jährigen Buchen eine bis zu sechs Meter hohe zweite Baumschicht entwickelt. Die stehenden oder umgestürzten Stämme der toten Bäume sind einer der wichtigsten Lebensräume des Naturwalds, z. B. für Schwarz-, Grau- und Buntspechte, und im stehenden Eichentotholz leben neben Hirschkäfern über 350 Käferarten. Zunderschwämme besetzen es, Moose überziehen die umgestürzten Riesen. Der Buchenjungwuchs bietet Rehen, Hirschen und Wildschweinen Schutz. Am nördlichen Rand des Ruhlaubers gibt es eine alte Wolfsfalle (18. Jh.), die »Wolfsgrube«. Vom Feriendorf Frankenau aus (Infozentrum KellerwaldUhr) gibt es eine Wanderstrecke über Quernstkirche, Traddel- und Ahornkopf zum Ruhlauber (ca. 4 km). Der **Traddelkopf** (626 m) ⑯ ist der höchste Berg im Nationalpark. Hier wächst ein noch relativ strukturarmer Forst mit geringer Vegetation. Wenn der Sturm Altbuchen wirft, entstehen kleine Lichtungen, die der Verjüngung des Bestands eine Chance geben. Der Wald wird wieder lebendig, findet zu seiner urwüchsigen Gestalt zurück. Auf dem Gipfel des Traddelkopfs zerfallen seit Jahrzehnten die Stämme mächtiger Bergahorne, auf den Wiesen des Osthangs tummelt sich viel Wild. Die verbissenen Bäume wachsen in skurrilen Formen nach.

DIE GESTEINE

Geologisch betrachtet ist der Kellerwald ein Ausläufer des Rheinischen Schiefergebirges. Landschaftlich wird er jedoch als gesonderte Einheit zur Hessischen Senke gezählt, da die Flüsse Eder und Itter eine geografische Grenze bilden. Die zutage tretenden Gesteine stammen aus dem Devon und dem Karbon. Damals war das Gebiet noch von einem flachen Meer bedeckt. Typisch für den Nationalpark sind Blockhalden aus Tonschiefer und Grauwacke (im Bild eine Blockhalde am Urwaldsteig zwischen Ringelsberg ③ und Bloßenberg ④). Weitere wichtige Gesteinsarten sind die Kellerwald-Quarzite Kieselschiefer und Diabas und, als regionale Besonderheit, der dunkelrote Kellerwaldachat (ein Eisenkiesel).

13 Naturpark Kellerwald-Edersee

Baumriesen und bizarre Felsenformen – Naturwunder im »Köllerwald«

ANFAHRT
Von Kassel auf der A 49 bis Ausfahrt Wabern, dort auf der B 253 nach Bad Wildungen und auf der B 485 zur Edertalsperre; nächster ICE-Bahnhof: Kassel. Bad Wildungen ist auch mit der Bahn zu erreichen.

LAGE
In Nordhessen, südwestlich von Kassel

GRÖSSE
406 km²

HÖCHSTE ERHEBUNG
Wüstegarten (675 m)

GRÜNDUNG
2001

INFORMATION
Naturpark Kellerwald-Edersee, Laustr. 8, 34537 Bad Wildungen

TELEFON
05621/96 94 60

INTERNET
www.naturpark-kellerwald-edersee.de

»Buchonia«, Land der Buchen, wurden einst die waldreichen Gebiete Nordhessens genannt. Der Naturpark Kellerwald-Edersee, der den gleichnamigen Nationalpark umschließt, zählt mit seinen stattlichen Baumriesen zu den letzten großen Laubwaldgebieten Mitteleuropas. Das Waldgebiet zeichnet sich durch seinen überdurchschnittlich hohen Totholzanteil aus. Der Kellerwald, im Norden durch Bad Wildungen und die Ederberge begrenzt, gehört geologisch noch zum Rheinischen Schiefergebirge und schiebt sich wie ein steinernes Bollwerk bis weit in die niederhessische Senke. Den südlichen Teil bildet der Hohe Keller, ein weitgehend unberührter Naturraum, in dem einst die Kohlemeiler rauchten, die Holzkohle zur Verarbeitung von Kupfer und Eisen lieferten. So entstand der Name »Köhlerwald« oder »Köllerwald«.

Rund um den Edersee Als 1908 die ➠ **Edertalsperre** ❶ gebaut wurde, mussten die Bewohner des Dorfs Asel eine neue Bleibe finden. Aus eigener Kraft errichteten sie auf einem Bergrücken am Nordhang des Kellerwalds nördlich über dem Edersee **Asel-Süd** ❷. Die Brücke über die Eder verschwand in den Fluten – aber immer, wenn der Edersee Niedrigwasser hat, taucht sie wieder auf und wird zum gern besuchten, wieder begehbaren Übergang. Sie wurde 1982/1989 restauriert und steht unter Denkmalschutz.
Das beliebte Naherholungsgebiet rund um den **Edersee** (27 km lang) ❸ bietet zahlreiche Urlaubs- und Freizeitmöglichkeiten. Straßen in Ufernähe befinden sich fast um den gesamten See, an bewachten Stellen kann man baden und tauchen. Für Segler und Surfer bietet er ein anspruchsvolles Freizeitrevier, Tret- und Ruderboote werden ausgeliehen.
Stolz blickt **Schloss Waldeck** ❹ über die Berge des Kellerwalds und den Edersee zu seinen Füßen, ein Wahrzeichen der Region und einst Stammsitz der Grafen von Waldeck. Heute beherbergt sie neben einem Museum auch ein Hotel.
Der ➠ **Halloh** ❺ ist einer der schönsten und größten Buchen-Hutewälder des Kellerwalds, die für das weidende Vieh angelegt wurden; die

Hoch über dem Edersee thront Schloss Waldeck.

lichten, hoch produktiven Eichen- und Buchenbestände lieferten reichlich Eicheln und Bucheckern. Westlich von Albertshausen gelegen, auf einer Hügelkuppe in der Feldflur, sind die skurril geformten Gestalten zu jeder Jahreszeit einen Besuch wert.

Der markante Bergrücken des ➡ **Bilsteins** 6 bei Bad Wildungen wird von vulkanischem Diabasgestein gebildet, er ragt mit schroffen Klippen nach Süden. Hier fühlen sich Pflanzen aus früheren wärmeren Klimazeiträumen wohl. Die sehr seltene Pfingstnelke zeigt am Bilstein eines ihrer größten Vorkommen in Hessen. Am Rand der unzugänglichen Klippen leitet wärmeliebendes Berberitzengebüsch zu urwüchsigen, artenreichen Traubeneichenwäldern und Perlgras-Buchenwäldern über. Auch zoologisch ist das Gebiet sehr reichhaltig, vor allem die bunte Vielfalt an Schmetterlingen fällt auf. An warmen Tagen sonnt sich die Glattnatter in den Felsen. Empfehlenswert ist eine Wanderung von Altwildungen Richtung »Schwedenschanze«.

➡ **Bad Wildungen** 7, mit prachtvollen Jugendstilbauten, heilenden Quellen und Europas größtem Kurpark, hält ein großes Gesundheits- und Kulturangebot bereit. Sehenswert sind Schloss und Stadtkirche. Die Umgebung der Kurstadt bietet auch viele Freizeitmöglichkeiten in der Natur, für Kinder etwa die Wasserlandschaft Spicke.

Dichter Urwald und imposante Wasserfälle Der Wanderpfad zum Naturschutzgebiet **Sonderbach und Talgraben** 8 beginnt am Gasthof »Helenetal« in Bad Wildungen-Odershausen (mit Infotafel zum Gebiet). Sowohl der von Westen in den Sonderbach mündende »Talgraben« als auch der Sonderbach selbst haben sich tief in den weichen Tonschiefer eingeschnitten und bilden ein schmales Kerbtal. Derartige Reliefformen, die an eine alpine Klamm erinnern, stellen in dieser Landschaft eine geologische Seltenheit dar. Durch die extreme Enge des Talsystems wird der Abfluss der nächtlichen Kaltluft stark verzögert, was ein kühl-feuchtes Lokalklima zur Folge hat. Hier wächst der sehr seltene Gelappte Schildfarn. Imposant sind die Wasserfälle unterhalb von Odershausen, die, eingebettet in üppig grüne, urtümliche Schluchtwälder, über mächtiges Schiefergestein herabstürzen. Vom Turm der verfallenen Ritterburg **Löwenstein** 9 bei Oberurff-Schiffelborn geht der Blick bei guter Fernsicht weit über Schwalmpforte und -aue. In der Nähe erkennt man den Quarzitrücken des Orthbergs. Diese eiszeitlichen Felsformationen, gesäumt von urigem Wald entlang dem felsigen Grat, sind die nördliche Fortsetzung des Hohen Kellerwalds. Zwischen ihnen verläuft das wildromantische mittlere Urfftal. Von der Ruine Löwenstein oberhalb von Oberurff-Schiffelborn führen mehrere Wanderwege auf den Orthberg und zu den bizarren Quarzitfelsen.

Schneewittchens Heimat Die von den Brüdern Grimm herausgegebene und bearbeitete Geschichte von Schneewittchen und den sieben Zwergen stammt aus dem Kellerwald und bezieht sich wohl auf die Zustände der Kinderarbeit in den Bergfreiheiter Kupfer-

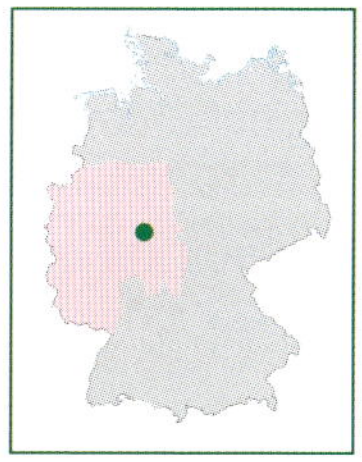

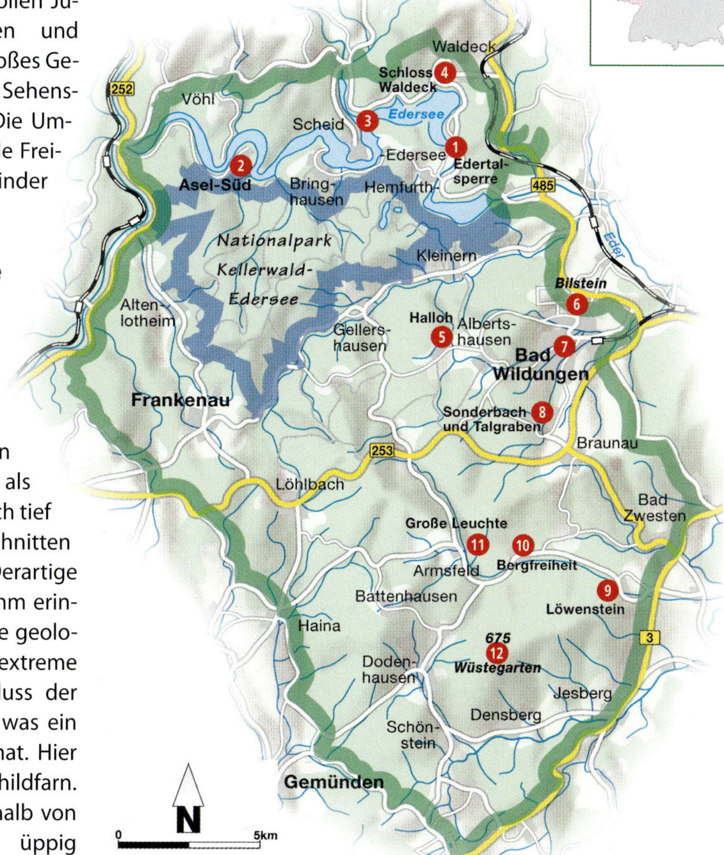

KAISERMANTEL

Argynnis paphia

Der Kaisermantel gilt als der Gaukler der Waldränder. Im Kellerwald ist der recht große Tagfalter (Flügelspannweite bis 70 mm) auf sonnigen Waldlichtungen von Juni bis August noch anzutreffen. Der Kaisermantel zählt zur Familie der Perlmutterfalter. Die Flügeloberseiten der Männchen sind orangebraun gefärbt, bei den Weibchen manchmal auch olivbraun.

bergwerken und das Leben in den kleinen engen Bergmannshäusern.

Die besonderen geologischen Verhältnisse des Kellerwalds boten die Grundvoraussetzung für den Jahrhunderte währenden Bergbau in **Bergfreiheit** ⑩. Überall in der Landschaft sind noch deutlich die Spuren des Erzbergbaus zu erkennen. Auf Kalk, Diabas, Ton-, Kieselschiefer und Quarzit haben sich naturnahe Wälder mit einer ungewöhnlichen Artenvielfalt erhalten. Der Kulturhistorisch-ökologische Lehrpfad in Bergfreiheit führt durch den schönen Auwald an der Urff und vermittelt anschaulich ökologische und kulturhistorische Zusammenhänge. Auch der Besuch des Bergfreiheiter Kupferbergwerks lohnt sich (fast täglich Führungen), dessen Parkplatz auch ein guter Ausgangspunkt für Wanderungen ist. Beeindruckend sind die alten, aus historischer Niederwaldwirtschaft hervorgegangenen, felsigen Buchen-Eichenwälder an der **Großen Leuchte** ⑪.

In der Region Hoher Keller erhebt sich der höchste Berg (675 m) des Naturparks; von seinem Aussichtsturm bietet sich ein atemberaubender Blick über die umliegende Wald- und Kulturlandschaft. Am ➠ **Wüstegarten**

Auf dem Halloh stehen die schönsten und größten Hutebuchen des Kellerwalds.

Der Bergfried der Ruine Löwenstein wacht über Oberurff-Schiffelborn.

⓬ sind Reste eines bedeutenden keltischen Kultplatzes zu erkennen. Im Bereich des Gipfelgrats finden sich Felsformationen wie der Exheimer Stein und die Mausefalle sowie ausgedehnte, überwiegend offene Quarzit-Blockhalden. Erst vor wenigen Jahren wurde hier auf 500 Metern Höhe ein Komplex aus Übergangsmooren und hochmoorartigen Bereichen wiederentdeckt. Er stellt eines der letzten großen hessischen Wald-Hangmoore dar und trägt eine sehr eigentümliche Vegetation: Torfmoose, Wollgras- und Bergfarn-Fluren, Kleinseggenrasen und Erlen-Birken-Gebüsch. Man erwandert Hohen Keller und Wüstegarten am besten von einem der vielen Wanderparkplätze (Trittsicherheit, Orientierungsvermögen und ausreichende Verpflegung Voraussetzung!).

PFINGSTNELKE

Dianthus gratianopolitanus

Von Mitte Mai bis Mitte Juni blüht die rosafarbene Pfingstnelke im Kellerwald, ihrem bedeutendsten Vorkommen in Hessen. Auf Schutthalden und an Felswänden trotzt die trittempfindliche Pflanze den Widrigkeiten ihres kargen Standorts und erfreut den Besucher mit leuchtenden Farben auf grauem Gestein. Die Pflanzen wachsen meist in Gruppen, es bilden sich kleine, lockere Polster. Wie alle Nelkenarten ist auch die seltene Pfingstnelke geschützt.

14 Naturpark Habichtswald

Von Wiesentälern zum »Kegelspiel der Riesen« – im Stammland der Hessen

ANFAHRT
Auf der A 44 Dortmund–Kassel bis Ausfahrt Zierenberg, weiter auf der B 251 nach Dörnberg, dort links nach Zierenberg; nächstgelegener ICE-Bahnhof: Kassel-Wilhelmshöhe, von dort mit der Straßenbahn zum Rand des Parks

LAGE
Unmittelbar westlich von Kassel im nördlichsten Zipfel des Hessischen Berglands

GRÖSSE
474 km^2

HÖCHSTE ERHEBUNG
Hohes Gras (615 m)

GRÜNDUNG
1962

INFORMATION
Naturpark Habichtswald, Oberzwehrener Str. 103, 34132 Kassel

TELEFON
0561/10 03 11 11

INFOZENTRUM
Naturparkzentrum Habichtswald auf dem Dörnberg

INTERNET
www.naturpark-habichtswald.de

Stille Wiesentäler gehören zu den zahlreichen landschaftlichen Facetten des Parks wie auch sagenumwobene Felsklippen, dichte Buchenwälder, urige Baumveteranen und lichte Gebüsche mit wärmeliebenden Kräutern im Unterwuchs, hohe Bergrücken und sonnige Rasenhänge – Hessens nördlichste Weinberge sind nicht fern. Der eigentliche Habichtswald direkt oberhalb der nordhessischen Metropole Kassel bildet den Kern des Naturparks, hier sind 56 Baumarten heimisch, neben der Rotbuche auch exotische Gehölze wie die Flaumeiche oder die Manna-Esche. Neben Rehen, Wildschweinen, Hasen und Füchsen streifen zoologische Neubürger wie die Waschbären durch die Wälder. Im Habichtswald findet man auch nicht alltägliche Einrichtungen wie einen Blindenwanderweg oder einen Trimmpfad für behinderte Besucher.

Grimms Märchen, Fachwerk und imposante Felsen Das von den Spuren verlassener Dörfer, Burgruinen und den Klippen der Chattensteine umgebene Städtchen **Zierenberg** (1) an der Warme ist ein beliebtes Standquartier für Streifzüge durch den Naturpark, besitzt aber auch innerhalb seiner mittelalterlichen Stadtmauern viel Sehenswertes: z. B. Hessens ältestes erhaltenes spätgotisches Fachwerk-Rathaus (1450). Vom Turm der Stadtkirche blickt man auf die bewaldeten Gudenberge und den mit Trockenrasen bedeckten Dörnberg.
Zwei Türme beherrschen das Bild der historischen Fachwerkstadt **Wolfhagen** (2): jener der gotischen St.-Anna-Kirche und der Chattenturm, imposantes Überbleibsel der Stadtbefestigung mit weitem Blick über das Wolfhager Land. Das Alte Rathaus beherbergt zur Erinnerung an Ludwig Emil Grimm »Grimms Märchenkeller« mit seinen Bildern von Wolfhagen.

Der Bergpark Wilhelmshöhe lädt zum Flanieren und Genießen ein.

Lohnende Ausflüge führen zum am »schönsten Wiesengrunde« der Erpe gelegenen malerischen Wasserschloss Elmarshausen und zu den Kalkmagerrasen des orchideenreichen Naturschutzgebiets Wünne.

Der ➠ **Burghasunger Berg** ❸ bei Zierenberg ist eine Basaltkuppe mit grandiosem Rundblick auf das Habichtswälder Bergland, ein Wuchsort seltener Pflanzen und durch eine vor- und frühgeschichtliche Höhensiedlung mit reichen Funden bekannt. Esels- und Klippenpfad führen von Burghasungen zu den Klippen aus Säulenbasalt. In den Klüften und Spalten verbergen sich u. a. Wildes Stiefmütterchen und Türkenbundlilie. Unscheinbarer, aber noch seltener sind die Moose und Farne, die sich an das blaugraue Gestein krallen, darunter der Rostrote Wimperfarn.
Die purpurroten bis weißen Blüten des Manns-Knabenkrauts, die im Mai die Magerrasen am ➠ **Dörnberg** ❹ beherrschen, sind bei einer Wanderung auf Alpen-, Jäger- oder Eco-Pfad Archäologie zu bewundern. Insgesamt kommen auf den teils offenen, teils verbuschten Rasenhängen des Dörnberggebiets über 200 Farn- und Blütenpflanzen vor, darunter viele bedrohte. Die üppige Flora erinnert an die des Mittelmeerraums, dazu passt der Gesang der Bergzikaden aus den Büschen. Sich selbst überlassen, würden, und die Flora würde drastisch verarmen. Um zu verhindern, dass die Magerrasen wieder zu Busch- oder Waldland werden, weiden hier Schafe und Ziegen als Naturschutzmaßnahme. Auf dem Hohen Dörnberg stehen Wallanlagen aus prähistori-

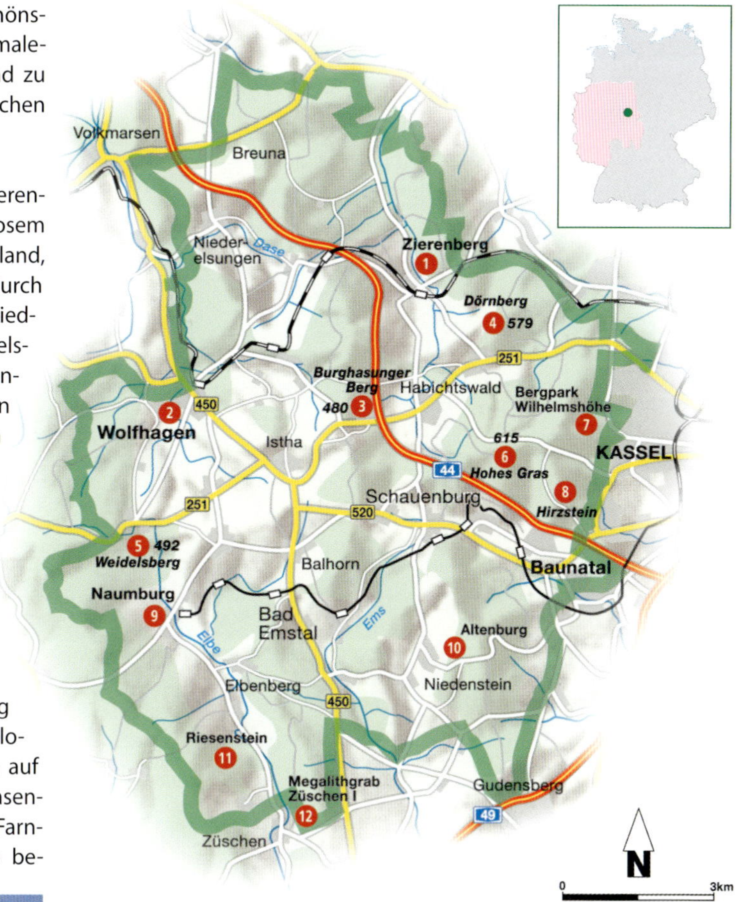

Der Burghasunger Berg mit seiner reichen Flora

Typischer Anblick im Naturpark: Basaltkuppen wie der Maderstein bei Gudensberg

scher Zeit, und am Hohlestein, einer Basaltklippe wie die Wichtelkirche oder die Helfensteine, erhebte sich der Ringwall.

Wo Natur und Kultur ineinanderfließen

Auf dem Gipfel des Hohlesteins am Dörnberg befindet sich eine mysteriöse Vertiefung. Ob durch Verwitterung entstanden oder durch Menschenhand, weiß niemand sicher. Auf dem Gipfel des **Weidelsbergs** ❺ südlich von Wolfhagen-Ippinghausen scheint die größte Burgruine Nordhessens mit ihren quadratischen Wohntürmen und den fast vollständig erhaltenen Zwingmauern direkt aus dem Säulenbasalt herausgewachsen zu sein. Nach verschiedenen Funden war der Berg schon seit frühester Zeit besiedelt. Eine Burg krönt ihn wahrscheinlich seit dem 12. Jahrhundert.

Von den Bergweiden und –wiesen auf dem **Hohen Gras** ❻, dem höchsten Gipfel des Habichtswalds, ist seit den Aufforstungen (ab zweiter Hälfte des 19. Jhs.) wenig geblieben. Hier und dort gibt es noch ein Fleckchen blumenreicher Goldhaferwiesen in den als Wander- und Wintersportgebiet beliebten Wäldern vor den Toren Kassels, z. B. unterhalb des Aussichtsturms, von dessen Plattform der Blick bei klarer Sicht bis zum Harz und zur Rhön reicht.

Das Parkgelände des ➠ **Bergparks Wilhelmshöhe** (240 ha) ❼ ist nicht nur riesig groß und mit mehr als 500 Gehölzarten ungewöhnlich artenreich, sondern (seit Ende des 17. Jhs.) auch sorgfältig in die Naturlandschaft am östlichen Steilhang des Habichtswalds eingebettet worden. Außer Schloss Wilhelmshöhe und dem Riesenschloss mit der Herkulesfigur als Wahrzeichen Kassels gibt es im Park neben den berühmten Wasserspielen u. a. auch die als Ruine errichtete Löwenburg, kleine Pyramiden und Tempel.

Der Parkplatz im Firnsbachtal nördlich von Elgershausen ist Ausgangspunkt für den Aufstieg zum **Hirzstein** ❽. Mit Ringwällen und einem ehemaligen Basaltbruch haben Menschen ihre Spuren hinterlassen. Seit 1979 ist er, vor allem als Standort besonnter Steinschuttfluren mit Pfingstnelken, Blutstorchschnabel oder Salomonsiegel, geschützt. Auch einen der seltensten Vögel Deutschlands kann man über den Klippen kreisen sehen: den Wanderfalken, der hier einen seiner letzten Brutplätze in Nordhessen hat.

Denkmäler aus grauer Vorzeit Im malerischen **Naumburg** 9 am Flüsschen Elbe gibt es so sehenswerte Bauten wie die neugotisch ausgestattete katholische Pfarrkirche und die Weingartenkapelle. Die Endstation des »Hessencourriers« besitzt in ihrer Umgebung ausgezeichnete Wanderreviere, besonders in den Wäldern im historischen Grenzsaum zu Waldeck, etwa beiderseits der Elbe, wo der Teich in der Hengstwiese das wichtigste Wasservogelschutzgebiet in weitem Umkreis bildet. Ursprünglich als Nahrungsteich für Graureiher angelegt, heute lockt er heute die verschiedensten gefiederten Gäste an.

Lange Zeit galt die ➜ **Altenburg** 10 bei Niedenstein als Mattium, Hauptort der Chatten, der 15 n. Chr. bei einem Rachefeldzug des römischen Feldherrn Germanicus zerstört wurde. Doch da lag das von einem gewaltigen Ringwall umschlossene Oppidum der Keltenzeit wahrscheinlich schon jahrzehntelang in Trümmern. Zentnerweise wurden in der Anlage (15 ha) wertvolle Funde geborgen, darunter auch solche der viel älteren Michelsberger Kultur. An der Ostseite führt ein Pfad durch Wald zum Altenburgplateau hinauf.

Vor- und frühgeschichtliche Höhensiedlungen und ihre Kultplätze sind im Hessischen Bergland nicht selten. Im bizarren **Riesenstein** 11, der einen Ausläufer des nördlich von Heimarshausen gelegenen Heiligenbergs krönt, sehen manche einen Ort heidnischer Rituale, besitzt er doch eine »Opferschale« mit »Blutrinne«. Andere halten den pilzförmigen Sandsteinfelsen (von Heimarshausen auf dem Rundweg »H 5« erreichbar) für ein vorgeschichtliches Sonnenobservatorium. Wahrscheinlich floß durch die Rinne nur Regenwasser, das nachgewiesenermaßen im Zusammenspiel mit Mikroorganismen Schalen und Rinnen in Sandsteinschichten aushöhlen kann.

Das ➜ **Megalithgrab Züschen I** (4./3. Jahrtausend v. Chr.) 12, nördlich der Straße Züschen–Lohne, weist z. B. ein »Seelenloch«, eine kreisrunde Öffnung im Türlochstein der Grabkammer, auf. Rätsel bei der Entzifferung geben auch die eingeritzten Muster auf, die Szenen aus dem Alltag zeigen, aber auch das Bildnis einer »Dolmengöttin«. Um das einzigartige Megalithgrab vor Witterung und rücksichtslosen Besuchern zu schützen, wurde es überdacht und vergittert. Das Regionalmuseum in Fritzlar informiert über die Vor- und Frühgeschichte der Region.

HABICHT

Accipiter gentilis

Ob er dem Habichtswald den Namen gegeben hat, ist ungewiss. Dichte Wälder, oft in der Nähe von offenem Gelände, sind jedoch die natürlichen Lebensräume des stattlichen Greifvogels, bei dem das Weibchen fast doppelt so groß wie das Männchen sein kann. Im Flugbild erkennt man ihn an den kurzen, runden Flügeln und dem langen Schwanz. Ein solcher Körperbau ermöglicht zwar keine hohen Fluggeschwindigkeiten, aber eine extreme Wendigkeit auf engstem Raum. So greift der Habicht urplötzlich aus dem Hinterhalt seine bevorzugten Beutetiere (überwiegend kleine und mittelgroße Vögel und Säuger) an, verfolgt sie schnell in niedrigem Flug zwischen Bäumen hindurch und packt sie mit den krallenbewehrten Füßen. Ihre Nester bauen die Greifvögel am liebsten in dichten Altholzbeständen.

Die Ritzungen im Megalithgrab Züschen I geben bis heute Rätsel auf.

15 Naturpark Münden

Wo sich Werra und Fulda küssen – einer der ältesten Naturparks Deutschlands

ANFAHRT
Auf der A 7 Hannover–Kassel bis Ausfahrt Hann. Münden, weiter auf der Landstraße am rechten Ufer der Weser Richtung Bodenfelde bis Kloster Bursfelde; nächstgelegene ICE-Bahnhöfe: Göttingen, Kassel-Wilhelmshöhe

LAGE
Im äußersten Süden Niedersachsens an der Grenze zu Hessen, zwischen Göttingen und Kassel

GRÖSSE
450 km²

HÖCHSTE ERHEBUNG
Haferberg (580 m)

GRÜNDUNG
1959

INFORMATION
Naturpark Münden e. V., Böttcherstr. 3, 34346 Hann. Münden

TELEFON
05541/752 59

INTERNET
www.naturpark-muenden.de

Werra, Fula und Weser formten durch ihre Einkerbungen in ein von Basaltpfropfen durchsetztes Buntsandstein- und Muschelkalkschichten-Gewölbe die Landschaften des Naturparks. Im Dreieck zwischen den Tälern von unterster Fulda und Werra breiten sich die Hochflächen des Kaufunger Walds aus, zum rechten Ufer der Weser fällt der Bramwald steil ab, zum linken der großteils außerhalb des Parks gelegene Reinhardswald. Ostwärts geht der Bramwald in die Dransfelder Hochflächen über mit artenreichen Kalk-Buchenwäldern und Trockenrasen. Von den tiefen Tälern der drei großen Flüsse ziehen sich Nebentäler in die benachbarten Gebirge und verbinden sie zu einem vielfältigen Naturraum.

Altes Gemäuer, verwunschene Wälder Das **Kloster Bursfelde** (1) wurde (Ende 11. Jh.) an der traditionellen Hauptverkehrsachse des Weserberglands nahe der Nieme-Mündung in die Weser gegründet. Von der Anlage sind noch die romanische Basilika und der zum Gutshaus umgebaute Westflügel erhalten. Fresken der Spätgotik zieren das Innere, und im Turm an der Weserseite hängt eine Glocke aus dem Königsberger Dom.
Gleich hinter dem Kloster beginnt die Einsamkeit des ➔ **Bramwalds** (2), eines der ursprünglichsten und größten geschlossenen Waldgebiete

Im reizvollen Hann. Münden entsteht durch den Zusammenfluss von Werra und Fulda die Weser.

($85\ km^2$) im Süden Niedersachsens. Dort steht auf dem Totenberg (408 m), der höchsten Erhebung des Gebirges, ein 150 Jahre alter Buchenbestand mit eingestreuten Fichten und Eichen als Naturwald unter strengstem Schutz. Er soll sich zu einem Urwald entwickeln, was auch Wildkatze, Kolkraben und Hirschkäfern behagen wird; 2003 wechselte eine Wölfin durch die Wolfsschlucht. Eine Wanderung führt vom Wanderparkplatz an der Femeeiche im Niemetal durchs Steimketal zur Köhler-Liesel-Hütte und von dort rechts auf dem Kohlenweg zum Hauptkamm. Die kurvenreiche Bramburgstraße führt an der Westflanke des Gebirges zur romantischen Ruine der **Bramburg** 3 (erstmals 1063 erwähnt) mit mächtigem Bergfried. Biegt man an der Ruine links (bergauf), gelangt man zu den Wällen der Hünenburg, einer sächsischen Grenzbefestigung (spätes 8. Jh.).
Das verträumte Fachwerkdorf **Hemeln** 4 am Fuß des Bramwalds ist wohl kaum jünger, und unter seinen Fachwerkbauten befinden sich einige der ältesten Bauernhausformen Niedersachsens, z. B. der reizende kleine Speicher in der Weserstraße. Die Fährstelle an der Weser zwischen dem niedersächsischen Hemeln und dem hessischen Veckerhagen ist bereits seit mehr als 650 Jahren belegt. Auch das jüngste, im Jahr 2000 in Betrieb genommene Gefährt kommt als umweltfreundliche Gierseilfähre ohne Motorkraft aus.
Bei Hemeln ist die Oberweser schon stattliche 70 Meter breit, die **Nieme** 5, der erste große Zufluss am rechten Ufer, noch recht schmal. Das Tal der Nieme, das unterhalb von Löwenhagen den Bramwald quert, ist (nach Renaturierung) mit seinen Bachmäandern, Auwaldresten und Feuchtwiesen das ökologisch wertvollste des Waldgebirges; u. a. Schwarzstorch, Eisvogel und Wasseramsel leben hier. Ein Wanderweg (»II«) erschließt das Niemetal bis nach Bursfelde.

Am Zusammenfluss von Werra und Fulda in Hann. Münden steht der Weserstein.

Zwischen Werra, Weser und Leine Landschaftlich abwechslungsreicher sind die Dransfelder Hochflächen, z. B. rund um Barterode. Hier bietet der Basaltsteinbruch auf der Grefenburg einen Einblick in den Schlot eines erloschenen Vulkans oder die ehemalige Grube an der Ostseite des Ossenbergs in die Muschelkalkzeit; ein Ausläufer an der Nordwestseite trägt die Ringwallanlage der frühgeschichtlichen Hünenburg, und das gesamte Massiv von Ossenberg und **Fehrenberg** 6 bedecken artenreiche Eichenmischwälder, Mittelwaldreste, Kalkmagerrasen und Kalktuffquellen. Von den Parkplätzen an der Straße Barterode–Dransfeld sind sie auf

Die Drei-Flüsse-Stadt Hann. Münden bezaubert durch ihre wunderschönen Fachwerkhäuser.

Rundwanderwegen zu erreichen. Das weit über 1000-jährige ➠ **Bühren** 7 liegt näher am Bramwald und schlägt eine Brücke zwischen beiden Natur- und Kulturräumen. Der Bührener Kulturpfad (2,5 km) vermittelt die lange Geschichte der Gemeinde mit kulturhistorischen Sehenswürdigkeiten wie der wehrhaften Kirche, den schönen Bauernhäusern und alten Mühlen, dem mittelalterlichen Harster Heerweg und den Bührener Kreuzsteinen. Auch gibt es interessante Infos über Gewässer, Wirtschaftsgeschichte und Geologie.

Die Basaltpfropfen im Buntsandstein und Muschelkalk haben zwar nur einen winzigen Flächenanteil, formen aber meist die höchsten Höhen, wie z. B. den ➠ **Hohen Hagen** (480 m) 8. Der durch den Basaltabbau verunstaltete Kegel bildet eine natürliche Aussichtsplattform, von der man weit über das obere Weserbergland schaut. Der Mathematiker Carl F. Gauß nutzte ihn bei der Landver-

Auf dem Gipfel des Hohen Hagen hat der Basaltabbau deutliche Spuren hinterlassen.

messung des ehemaligen Königreichs Hannover als Fixpunkt. Seinen Namen trägt ein Turm mit Aussichtsterrasse (und Fahrstuhl). Auf dem Geologie- und Bergbaupfad kann man sich über den Bergaufbau informieren.
Die vielleicht reizvollste Landschaft des Naturparks ist das unterste Werratal und die Muschelkalkberge bei **Lippoldshausen** 9. Vier Wanderrouten (1.30–3 Std.) führen durchs Lippoldshäuser Feld und über die Lippoldshäuser Berge zur frühmittelalterlichen Lippoldsburg, zum geheimnisvollen Schalenstein, zur Ruine Brackenburg oder zum Obstsortengarten, in dem rund 60 ältere und neuere Obstsorten aus den umliegenden Streuobstwiesen bewahrt werden.

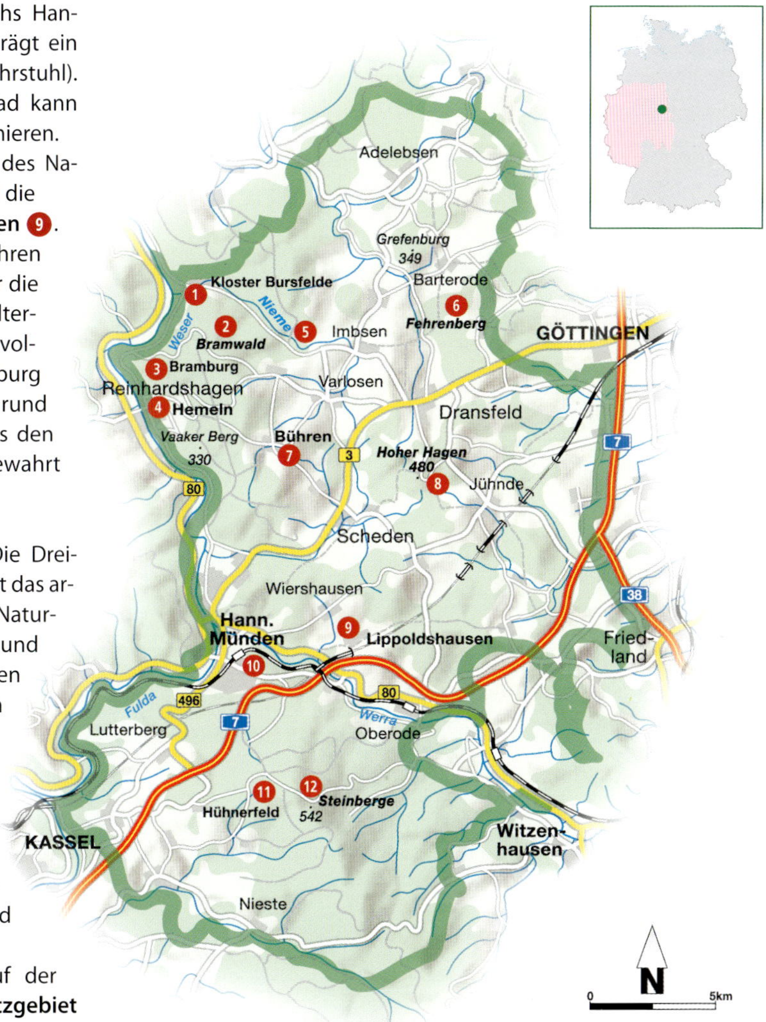

Hühnerfeld und Schatzkästlein Die Drei-Flüsse-Stadt → **Hann. Münden** 10 ist das architektonische Schatzkästlein des Naturparks. Am Zusammenfluss von Fulda und Werra zählt sie zu den am schönsten gelegenen Städten der Welt – ein Blick vom Tillyschanzenturm beim Reinhardswald beweist dies. Naturfreunde erfreut der Forstbotanische Garten, die Drei-Flüsse-Rundfahrten sowie die oberhalb der Stadt gelegene Waldgaststätte »Rinderstall« mit Wildgehege, Ameisenlehrpfad und Waldmuseum.
Vom »Rinderstall« gelangt man auf der Kohlenstraße zum → **Naturschutzgebiet Hühnerfeld** 11 (»Hünenfeld« = hochgelegenes Feld); hier leben Birkhühner, die offene Landschaften mit Mooren und Magerrasen bevorzugen. Im südlichsten Moor Niedersachsens wachsen viele bemerkenswerte Pflanzen, die früher auf den staunassen bis anmoorigen Böden des Kaufunger Walds weit verbreitet waren, z. B. Rosmarinheide, Arnika und Sonnentau. Seit vielen Jahren sind Island-Pferde und Rinder als »Landschaftspfleger« im Einsatz.
Nächste Stationen an der Kohlenstraße sind die Steinbergseen und die **Steinberge** (542 m) 12, wo einst Bodenschätze wie Braunkohle, Ton, Alaun und Basalt abgebaut wurden; heute sind die Basaltkuppen mit dem Naturfreundehaus und die Seen, die aufgelassene Braunkohlengruben füllen, beliebte Ausflugsziele.

SABABURG

Von Hemeln 4 per Fähre über die Weser, und schon ist man an dem mitten im Reinhardswald gelegenen »Dornröschenschloss« mit spätgotischem Palas und zwei mächtigen Rundtürmen. Nicht nur das märchenhafte Gemäuer lohnt einen Abstecher: Hier befindet sich auch der 1571 gegründete, wohl älteste Tierpark Europas. In ihm tummeln sich Wisente und Wildpferde, Wildkatzen und Wildschweine sowie viele andere Tierarten. Zur urigen Tierwelt passt der Urwald Sababurg mit seinen knorrigen Eichen (www.sababurg.de).

16 Naturpark Meißner-Kaufunger Wald

Im märchenhaften Reich der Frau Holle – das Hessische Bergland verzaubert

ANFAHRT
Auf der A 7 bis Kassel-Nord, weiter auf der Kreisstraße Richtung Nieste bis Herrenhaus Windhausen; nächstgelegene ICE-Bahnhöfe: Göttingen, Kassel-Wilhelmshöhe

LAGE
Im Nordosten des Hessischen Berglands, zwischen Fulda und Werra

GRÖSSE
421 km²

HÖCHSTE ERHEBUNG
Kasseler Kuppe (754 m, Hoher Meißner)

GRÜNDUNG
1962

INFORMATION
Naturpark Meißner-Kaufunger Wald, Wolfteroder Str. 4a, 37297 Berkatal-Frankershausen

TELEFON
05651/95 21 25

INTERNET
www.naturparkmeissner.de

Der Park vereint zwei gegensätzliche Naturräume: Im Kern ragt der Hohe Meißner als höchste Erhebung zwischen Rhön und Harz auf. Der bewaldete Bergrücken besteht aus dicken Basaltdecken, die über Braunkohle, Ton und Sand lagern. Der Kaufunger Wald ist dagegen ein typischer Vertreter der im Norden Hessens und im Süden Niedersachsens weit verbreiteten Buntsandsteingebirge: ausgedehnte Hochflächen auf einer vereinzelt von Basaltpfropfen durchbrochenen Sandsteinplatte und Wald, so weit das Auge reicht. Der Park umfasst auch noch weitere Naturräume wie die Söhre im Westen, ein bewaldetes Buntsandsteinbergland, das untere Werraland im Osten, wo der Fluss einige der schönsten Landschaftsbilder Hessens schuf, oder die Bilderbuch-Karstlandschaft direkt am östlichen Fuß von Meißner und Kaufunger Wald.

Von Affen, Pferden und Kirschen Das **Herrenhaus Windhausen** (1) in den Ausläufern des Kaufunger Walds hat einen ab 1781 im englischen Stil gestalteten Garten, u. a. mit einem in Deutschland einzigartigen Affendenkmal. Es erinnert an eine Horde von Affen, die einst im Garten in einer Menagerie lebten. Wilhelm Busch hat sie in seinem Werk »Fipps der Affe« literarisch verewigt.
Der um 1820 für die Schachtförderung der Braunkohlenzeche Freudenthal in **Kaufungen** (2) eingerichtete, 1973 rekonstruierte Rossgang ist ein in Westeuropa einmaliger Pferdegöpel, in dem bis 1884 jeweils zwei Pferde harte Arbeit leisten mussten. Heute gehört die Anlage zu einem Bergwerksmuseum.
Über dem Ortsteil Oberkaufungen thront das mächtige ehemalige Benedikterinnenstift (gegründet 1071) mit prächtigen Fachwerkbauten

Am Frau-Holle-Teich auf dem Hohen Meißner erinnert eine Holzskulptur an die Märchen- und Sagengestalt.

(17./18. Jh.) im Hof. Oft umgebaut, reicht die Klosterkirche bis in die ottonische Zeit zurück. Die Wandmalereien im Chor stammen aus der Spätgotik, ebenso wie der gewölbte Chor der Pfarrkirche von **Großalmerode** (3).
Nördlich des idyllischen Städtchens erstreckt sich der Kaufunger Wald mit seinen dichten Wäldern. Vom Aussichtsturms auf dem ➠ **Bilstein** (642 m) (4), dem höchsten Gipfel des Waldgebirges, hat man einen schönen Rundblick vom Harz bis zur Rhön, vom Sauerland bis zum Thüringer Wald. (Von Großalmerode auf der B 451 Richtung Wickenrode, ca. 600 m hinter dem Ortsausgang rechts auf die Kohlenstraße, auf dieser zum Parkplatz »Kohlenstraße« und von dort auf Rundwegen zum Turm).
Direkt zu Füßen des Bilsteins liegt das Dorf **Roßbach** (5) – in einer geologisch, klimatisch und botanisch völlig anderen Welt. Auf dem Ameisenkopf, dem Kalkrain und den anderen Kuppen, die den Ort umgeben, treten kalkige Gesteine des Zechsteins zutage, und auf den flachgründigen, steinigen Böden findet man vor allem auf besonnten Hängen Kalkmagerrasen mit knorrigen Wacholdersträuchern und seltenen Kräutern. Mücken-Händelwurz, Fliegen-Ragwurz, Herbst-Wendelorchis – vieles, was in der Welt der Orchideen Rang und Namen hat, blüht hier, so auch das Dreizähnige Knabenkraut, das gar in Beständen von mehreren Zehntausend Exemplaren vorkommt. Feldwege erschließen das Blütenparadies.
Das Klima des Werratals rund um ➠ **Witzenhausen** (6) wirkt beinahe mediterran. Bis ins 19. Jahrhundert hinein wurde dort Weinbau betrieben, heute bestimmen Obstgärten das Landschaftsbild – im Frühjahr stehen rund 150 000 Kirschbäume in voller Blüte. Vom Witzenhäuser Fachwerkbau der Renaissance zeugen im Altstadtkern noch etliche prachtvolle Bürgerhäuser und Adelshöfe. In einem von der Universität Kassel betriebenen Gewächshaus leben tropische Nutzpflanzen wie Kaffee, Tee und Kakao (www.agrar.uni-kassel.de).
Das Tal der Werra besteht aus einem ständigen Wechsel von Talweitungen wie bei Witzenhausen und Talengen wie bei Werleshausen, wo der Fluss einen Riegel aus Buntsandstein und Muschelkalk durchbricht. Flankiert wird die ➠ **Werleshäuser Pforte** (7) von felsigen Steilhängen, auf denen ein Orchideen-Buchenwald verbreitet ist; hier gedeihen u. a. Rotes Waldvöglein und Grünliche Waldhyazinthe. Die Burgen Ludwigstein in Hessen und Hanstein in Thüringen stehen über der Talpforte – der berühmte Zwei-Burgen-Blick ist einer der Glanzstücke im Werraland.

Der Aussichtsturm auf dem Bilstein bietet einen traumhaften Rundblick.

Wo Kühe im Untergrund verschwinden

Am Bühlchen bei **Weißenbach** (8) ist die Na-

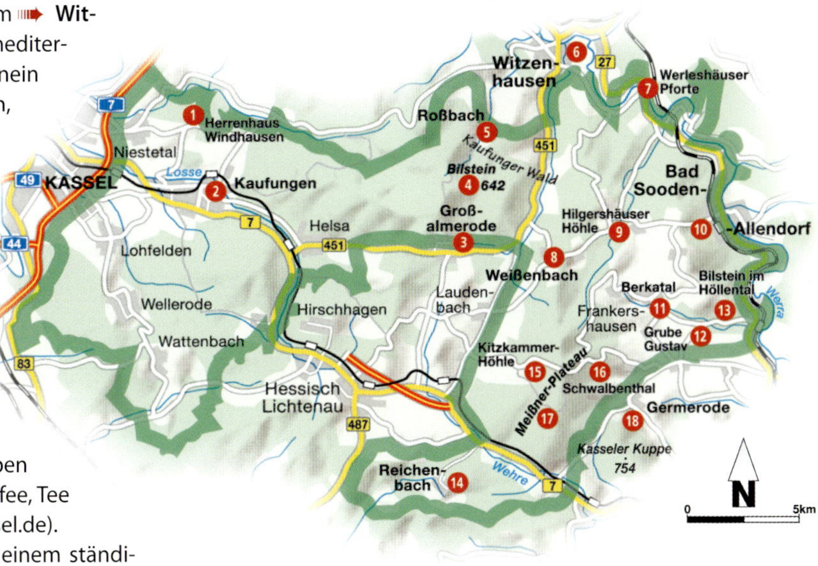

Das Gradierwerk in Bad Sooden-Allendorf

tur noch in Ordnung: Der Sperber kreist über den Wacholdersträuchern, in den Gebüschen ist die Goldammer, im Buchenwald der Zilpzalp heimisch, an sonnigen Tagen gaukeln Falter von Blüte zu Blüte und Heuschrecken veranstalten Konzerte. Hier entdeckt man seltene, bedrohte Gewächse wie Fransen-Enzian oder Großes Windröschen. Zum Naturschutzgebiet gelangt man von Weißenbach Richtung Bransrode zum Parkplatz »Bühlchen«; dort ist auch der Startpunkt für geführte Orchideenwanderungen.

Die aus dem Dolomit des Zechsteins gelaugte **Hilgershäuser Höhle** (auch: Kammerbacher Höhle) 9 ist die älteste (1267) namentlich nachweisbare Grotte in Deutschland und besitzt den größten Höhlenraum Hessens (mehr als 1000 m^2 Grundfläche). Sie ist keine Schauhöhle, man kann vom Höhlenportal aus aber durchs Gitter gut hineinschauen (links der Straße Hilgershausen–Kammerbach).

Das Werrastädtchen **Bad Sooden-Allendorf** 10 lebt schon lange vom salzhaltigen Wasser – offenbar bestens, wie die schmucken Fachwerkhäuser in Allendorf zeigen. In Sooden am gegenüberliegenden Ufer dreht sich im Salzmuseum im Söder Tor alles ums »Weiße Gold«. Von der ehemaligen Saline (bis 1906 in Betrieb) haben sich ein Gradierwerk und der mit Dachziegeln verkleidete Bohrturm über der 1864 erschlossenen Solequelle 4 erhalten. Wo im Untergrund Gesteine gelöst werden, entstehen Hohlräume, deren Decken einstürzen und an der Oberfläche tiefe Trichter und Schächte (Erdfälle) bilden können – zuweilen mit fatalen Folgen: 1958 stürzten in dem Zechsteinkarstgebiet in der Gemeinde **Berkatal** 11, der eindrucksvollsten Gipskarstlandschaft Hessens, zwei Kühe in ein 30 Meter tiefes Loch. 19 Höhlen sind in dem Gebiet bekannt, der Boden kann also jederzeit unter den Füßen nachgeben (woran man bei Exkursionen auf eigene Faust durch die von drei Wanderwegen erschlossene Landschaft unbedingt denken sollte!). Für Flora und Fauna sind die Lösungsvorgänge im Untergrund jedoch ein Segen, denn sie schaffen ein engräumiges Nebeneinander von Kesseln, Kuppen, Mulden und Felsen, in dem verschiedenste Arten Platz finden – auf den trockenen Kuppen u. a. Bienen-Ragwurz und Ameisenbläuling, auf den lichtüberfluteten Felsköpfen seltene Erdflechten, in den schattigen Einsturztrichtern Feuchtigkeit liebende Moose.

Die Gesteinskollektion vor dem Portal des Besucherbergwerks zeigt den abwechslungsreichen geologischen Aufbau des östlichen Vorlands des Hohen Meißners. Vor allem Kinder sind in der **Grube Gustav** 12 unweit von Abterode gern zu Gast, wo es eine spannenden Grubenfahrt gibt und ganzjährig 10 °C herrschen. Unter der Führung der Bergleute erhalten sie einen tiefen Einblick in die Entwicklung des Bergbaus im Höllental (seit dem 16. Jh.). Sicherlich wurde einst auch von Kinder mühselig in finsteren Kriechstollen der begehrte Kupferschiefer gefördert. Als die Lager erschöpft waren, baute man den hellen Schwerspat ab.

Auf dem sagenumwobenen **Bilstein im Höllental** 13 sind noch Mauerreste einer Burg zu erkennen. Dort soll sich einst der »letzte Bilsteiner«, Graf von Bilstein, mit der Pferdekutsche in den Talgrund der Berka am Fuß des steilen Diabasfelsens gestürzt haben. Heute ist der Ort eine Oase des Lebens für Arten, die Hitze, Trockenheit und felsiges Gelände vertragen; Schlingnatter, Uhu oder der sehr seltene Steife Lauch zählen dazu. Häufiger sind die Mauerpfefferarten, die sich perfekt angepasst haben, unscheinbarer, aber viel seltener die kleinen Farne in den Felsspalten. Das wildromantische Höllental hat seinen Namen von der Frau Holle. Vom Parkplatz am Gasthaus »Frau Holle« führt der Rundweg I zum Bilstein hinauf.

Frau Holles Hausberg Ihre Spuren sind vielfältig, zahlreiche Orte im Naturpark werden mit Frau Holle in Verbindung gebracht, z. B. der Todstein, ein bizarrer Fels am östlichen Ortsrand von Abterode oder die Hollsteine beim Dörfchen Hollstein.

Eine knappe halbe Stunde zu Fuß auf dem Wanderweg »X 8« ragen südöstlich von **Reichenbach** ⑭ die Großen Steine, Hessens größte Dolomitfelsen, aus dem Wald. Das kleine Dorf besitzt eine Reihe von Sehenswürdigkeiten: die romanische Kirche eines ehemaligen Nonnenklosters, im Norden das idyllische Weißbachtal mit Kostbarkeiten wie der Schachblume und dem Sumpfrohrsänger, im Nordwesten die Burgruine Reichenbach mit bestem Ausblick zum Hohen Meißner. Das Naturwaldreservat zu Füßen der Ruine ist im Frühjahr vom Duft des Bärlauchs erfüllt.

Aus der Ferne erinnert Frau Holles Hausberg, der Meißner, in seinen Umrissen an einen umgedrehten Backtrog, und auf der Westseite dieses aus Basaltdecken aufgebauten Trogs befindet sich hoch über dem Dörfchen Hausen in einer Basaltwand und von klassischem Säulenbasalt umrahmt das Portal der ➠ **Kitzkammer-Höhle** ⑮. Geologen erklären die Grotte als eine durch Rutschungen entstandene Klufthöhle; der Sage nach ist es der Kerker, in den Frau Holle faule Mädchen einsperrte. Zoologen leiten den Namen vom Steinkauz (»Etitz«) ab, der in Felsspalten nistet. Schon der leichte Anmarsch zur Kitzkammer (1,7 km) auf dem Rundweg 4 vom Parkplatz an der Viehhausstraße aus ist ein Erlebnis, besonders im Frühjahr, wenn im Buchenhochwald Waldmeister, Goldnessel und Maiglöckchen blühen.

Vom Gasthaus **Schwalbenthal** ⑯ aus kann man die landschaftlichen Höhepunkte an der steilen Ostflanke des Meißner-Plateaus auf einem Rundkurs (6 km) erkunden. Am Frau-Holle-Teich steht eine über drei Meter große Holzskulptur der Sagengestalt. Die durch den einstigen Braunkohletagebau verwüstete Kuppe der Kalbe öffnet den Blick auf das dunkle Basaltgestein und zwischen Wetterbuchen hindurch auf das bunte Felder-Wälder-Wiesen-Mosaik im Vorland des Meißners. Braunkohlenflöze neigen dazu, sich selbst zu entzünden. So schwelt seit Jahrhunderten unter der Ostflanke des »Weißen Bergs« ein unterirdischer Brand und verpestet die Luft mit stinkenden Schwefelgasen. An der »Stinksteinwand« kann man sie schnuppern, besonders bei ruhigen Hochdruckwetterlagen und in den Abendstunden.

Am Abend kühlen sich die Luftmassen über dem ➠ **Meißner-Plateau** ⑰ rasch ab, werden dadurch schwerer und strömen als Bergwind die Hänge hinunter. Die Abkühlung wird dadurch beschleunigt, dass ein beachtlicher Teil der Hochfläche unbewaldet ist und von Mooren und Wiesen eingenommen wird. Die Bergwiesen des Hohen Meißners zählen zu den artenreichsten und farbenprächtigsten Hessens: Hier blühen rosarote Prachtnelken auf der Hausener Hute, in den Wiesen am Viehhaus blaue Rundblättrige Glockenblumen, auf der Butterwiese weiße Wollgräser, auf der Struthwiese gelbe Trollblumen und im Weiberhemdmoor Purpur-Reitgras. Die Waldbestände auf dem Plateau sind größtenteils standortfremde Fichtenforste, an den Steilflanken, im größten Wald-Naturschutzgebiet Hessens, führen die Wanderwege durch naturnahe Wälder, in denen Sperlings- und Raufußkauz, Uhu und Wanderfalke nisten. Die dort lebenden eingebürgerten Mufflons richten durch den Verbiss seltener Pflanzenarten aber beträchtlichen Flurschaden an.

Im Wildpark **Germerode** ⑱ leben neben Rothirschen auch Wildschweine und etliche andere Tierarten. Der Park an der Straße Germerode–Rodebach ist zudem mit Abenteuerspielplatz, Dampfeisenbahn oder Waldwichtelhaus ein Hit bei Kindern.

WANDERFALKE

Falco peregrinus

Der Greifvogel ist eigentlich ein eher bodenständiger Falke, keinesfalls ein echter Zugvogel. Sofern er geeignete Nistplätze – Steilfelsen, Baumwipfel oder auch hohe Gebäude – findet, bleibt er im Land und ernährt sich hauptsächlich von anderen Vögeln. In Mitteleuropa war er selten geworden, in Hessen, nördlich der Mainlinie, galt er zu Beginn der 1970er-Jahre als ausgestorben. Dank beharrlicher Wiederansiedlungsversuche, u. a. an den Basaltfelsen des Meißners, sind die Brutpaare inzwischen wieder zahlreicher geworden.

17 Nationalpark Eifel

Schluchtwälder und Narzissenmeere – die raue Eifel überrascht

ANFAHRT
Auf der A 4 Köln–Aachen bis Ausfahrt Düren, weiter über die B 56 Richtung Zülpich, in Froitzheim rechts abbiegen nach Nideggen, dort weiter nach Schmidt. Die Bahn bedient die Stationen Gemünd und Heimbach.

LAGE
Der Nationalpark Eifel liegt zwischen Nideggen im Nordosten und der deutsch-belgischen Grenze im Südwesten, ca. 60 km südwestlich von Köln.

GRÖSSE
107 km²

HÖCHSTE ERHEBUNG
Forst Schleiden (628 m)

GRÜNDUNG
2004

INFORMATION
Nationalparkforstamt Eifel, Urftseestr. 34, 53937 Schleiden-Gemünd

TELEFON
02444/951 00

INTERNET
www.nationalpark-eifel.de

Der Wald-Nationalpark repräsentiert die charakteristische Landschaft der nördlichen Eifel, zu deren Lebensräumen neben den Laubmischwäldern bei Kermeter, Dedenborn und Hetzingen zahlreiche Quellgebiete und weite Offenlandflächen gehören. Zu den größten Buchenwäldern in der Eifel-Ardennen-Region zählt der Kermeter. Die Flüsse Rur und Urft haben hier steile Kerbtäler ausgewaschen. Schattige Schluchtwälder mit Esche und Ahorn wechseln mit wärmeliebenden Eichenwäldern an den Südhängen. Auch die Fichte fühlt sich unter den Klimabedingungen der Eifel wohl. Den Kern des Nationalparks Eifel, eines der jüngsten Nationalparks Deutschlands, bildet das bislang militärisch genutzte Gelände Vogelsang, wo sich Flora und Fauna relativ ungestört entfalten konnten.

Biber, Bäche, Eichenwälder Die Nordgebiete des Nationalparks erschließt eine Wanderung durch den **Hürtgenwald** ❶ (16/10 km; Ausgangspunkt Parkplatz »Am Scheidbaum« in Schmidt, OT Scheidbaum), die durch die Täler von Kalden-, Schlie- und Odenbach führt. An ihren wärmebegünstigten Steilhängen wachsen Traubeneichen. In alten Bäumen hämmert der seltene Mittelspecht seine Höhlen. Auf der Wanderung durchs Rurtal und seine Seitentäler entdeckt man an jungen Bäumen oder im Weidengebüsch Nagespuren: Hier besorgt sich der Biber Baumaterial für seine Burgen in den Bächen. Der scheue, recht große Nager hat wieder an Terrain gewonnen; zu sehen bekommt man die nachtaktiven Tiere allerdings nur mit sehr viel Geduld.
Vom Parkplatz »Büdenbach« am Staudamm Schwammenauel wandert man (14,5/7,5 km) durch den schönsten Wald des Nationalparks, den ➜ **Kermeter** ❷, einen Buchenwald, der schon seit Langem unter Naturschutz steht. An kühlen, schattigen Plätzen bilden die glatten Buchenstämme einen Hallenwald. An stärker sonnenbeschienenen Hängen wachsen Eichen, unter denen sich im Juni der gelb blühende Wachtelweizen ausbreitet. Ein Teil der Wanderung folgt dem Südufer des Rurstausees.

Der Nationalpark soll wieder ein Naturwald werden – Buche, Eiche und Ahorn verdrängen im Kermeter die Fichte.

Auf der Halbinsel Tönsberg lag vor 2000 Jahren eine römische Befestigung. Man kann die Wanderung auf etwa halbem Weg durch eine Rückfahrt mit dem Schiff abzukürzen. Wer den Fußmarsch nicht scheut, passiert den **Aussichtspunkt Hirschley** ❸ mit wunderbarem Blick über die Seenlandschaft des Nationalparks.

An den Ufern glänzt schwarzes Schiefergestein Eine Rundwanderung durch die Mitte des Kermeters (Ausgangspunkt Parkplatz »Kloster Mariawald«, 14,5/7,5 km) führt an unterschiedlichsten Sehenswürdigkeiten vorbei. In der ➠ **Trappistenabtei Mariawald** (von 1480) ❹ betreiben die Mönche nicht nur eine klostereigene Gaststätte, sondern stellen auch feinem Klosterlikör her.

Das **Wasserkraftwerk Heimbach** (1904) ❺ am Staubecken Heimbach ist ein Jugendstiljuwel (Führungen täglich um 14.30 Uhr). Es beherbergt eine Sammlung historischer Elektrogeräte. Alljährlich im Juni ist die Anlage Schauplatz des Kammermusikfests »Spannungen«. **Burg Hengebach** (10. Jh.) ❻ gilt als kulturelles Kleinod der Region und bildet heute die Kulisse für Konzerte und musikalische Workshops.

Der Urftsee ist eine von drei Talsperren im Nationalpark Eifel. Als braves Flüsschen gibt sich die Urft noch bei Gemünd, bald jedoch weitet sich das Tal, und sie wird zum mächtigen Stausee. In ihrem Verlauf fließt die Urft durch breite Sohlentäler, die die Ausbildung feuchter Talauen mit Wäldern oder Wiesen erlauben. An den Ufern glänzt schwarzes Schiefergestein – die Eifel gehört zum Mittelrheinischen Schiefergebirge. Ein Wanderweg (23,5 km, Ausgangspunkt Gemünd, Parkplatz Mariaplatz; zurück mit dem Bus ab Parkplatz Haftenbach) führt am nördlichen Ufer des ➠ **Urftstausees** ❼ entlang. Im steil abfallenden Schiefergestein lebt die scheue Mauereidechse. Gegenüber erkennt man deutlich die ehemalige Ordensburg Vogelsang, das heutige Forum Vogelsang.

Ein Stück weiter gelangt man zur mächtigen **Urftstaumauer** (1905) ❽ mit Freiluftcafé und schöner Aussicht auf den See. Die Staumauer lässt sich auch von westlicher Seite ab

Mitten im Nationalpark Eifel liegt die Abtei Mariawald.

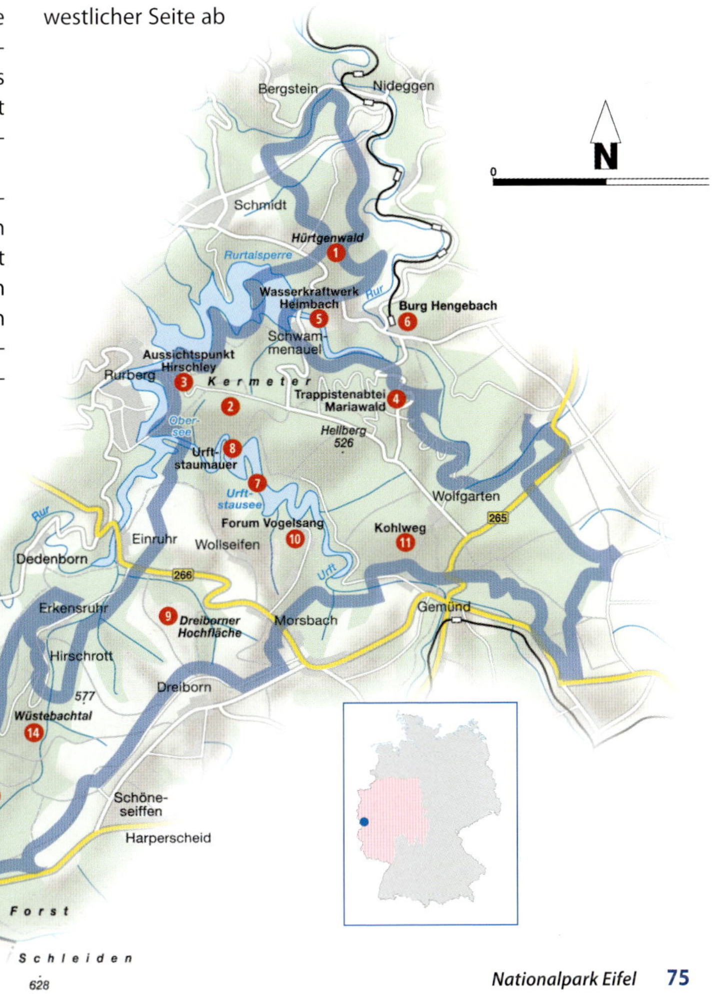

»Schöne Aussicht« nennt sich der Blick vom Eifelörtchen Schmidt über den Rurstausee auf den Nationalpark.

Einruhr, vom Parkplatz »Jägersweiler«, erwandern. Diese Tour kann man durch eine Fahrt mit den lautlosen Elektrobooten über den Obersee abkürzen.

Im Reich des Rothirschs Über Jahrzehnte wurde die **Dreiborner Hochfläche** (9), Kernstück des heutigen Nationalparks, als Truppenübungsplatz genutzt. Erst 2006 fielen die Schranken, und eine einzigartige Naturlandschaft (33 km^2) zeigte sich. Aus der Ferne lassen sich imposante Rothirsche beobachten, und im Frühjahr leuchten die gelben Blüten des Ginsters, das »Eifelgold«. Die Wanderwege im freigegebenen Gelände sind durch Holzpfähle markiert, denn wegen noch verstreuter Munition im Gelände besteht ein strenges Wegegebot. Geführte Wanderungen

Feuchte Standorte wie das Püngelbacher Sief sind von Galeriewäldern aus Erlen und Weiden gesäumt.

des Nationalparkamts finden jeden Sonntag um 14 Uhr statt (Start an der Touristeninfo im Forum Vogelsang, dann am Neffgesbach entlang zur Wüstung Wollseifen; ca. 3 Std., 6,5 km).

Inmitten des Kerngebiets liegt der denkmalgeschützte Bereich der ehemaligen »NS-Ordensburg« Vogelsang (ab 1934 errichtet). Seit 2006 stehen das Gelände des ➡ **Forum Vogelsang** (10) und die historischen Bauwerke auch für Besucher offen. Von Turm und Aussichtsterrasse am Adlerhof (mit Infothek) blickt man auf eine beeindruckende Landschaftskulisse mit Urftsee und Kermeter. Über den Hangrundgang (1,2 km, nicht barrierefrei!) erschließt sich die gesamte Anlage (weitere Infos unter www.vogelsang-ip.de).

Der Buchenwald des Kermeters wurde seit 600 Jahren zur Gewinnung von Holzkohle für die Eisenindustrie genutzt. Eine Wanderung auf dem historischen **Kohlweg** (11) führt von Gemünd zur Kohlweghütte. Vom Feuerwachturm bei Wolfgarten hat man einen weiten Blick über das sonnige Gemünder Tal mit seinen Eichenwäldern.

Ein Meer aus Narzissen Der **Püngelbach** (12) fließt durch ein für den Nationalpark typisches Kerbtal. Die Eifel ist noch immer in der Hebung begriffen, daher fließen die Bäche schnell bergab und reißen viel Gestein mit in die Tiefe. In den feuchten Talgründen, Siefe genannt, blühen im April wild wachsende Gelbe Narzissen, die nur hier die Lebensbedingungen fidnen, um als Wildpflanze überleben: ein relativ mildes Meeresklima mit reichlich Niederschlag und freie lichte Talwiesen an den Bachufern.

Das am Rand des Nationalparks liegende Perlbachtal lockt mit seinen ➡ **Narzissenwiesen** (13) viele Osterspaziergänger an (ab Parkplatz »Höfen«/B 258 zur Höfner Mühle). Die Magerwiesen in diesen Eifeltälern werden durch künstlich angelegte Dieschgräben zusätzlich mit Wasser versorgt. Als Wehre dienen schwere Schieferplatten, die das Wasser aufstauen und überlaufen lassen. Diese Magertriften sind Biotope für selten gewordene Pflanzen wie Mädesüß und Bärwurz.

Schieferstollen und Fledermäuse Im **Wüstebachtal** (14) stößt man auf eine Reihe historischer Schieferstollen (vom Parkplatz »Erkesruhr-Hirschrott« über Einruhr; 15/9,5 km). Der Schieferabbau hat im Monschauer Land Tradition. Heute dienen die alten Stollen, in denen sommers wie winters konstante Temperaturen zwischen 5 und 8 °C herrschen, den Fledermäusen als Winterquartier. Um Störungen zu vermeiden, wurden die Stollen vergittert. Im Nationalpark kommen u. a. auch vier waldbewohnende Fledermausarten vor: Großes Mausohr, Wasser-, Zwerg- und Kleine Bartfledermaus. Tagesüber leben sie meist in aufgegebenen Spechthöhlen; sie ernähren sich ausschließlich von Insekten. Der Nachwuchs, meist nur ein Junges, kommt im Mai zur Welt.

Wilde Osterglocken haben ihr östlichstes Vorkommen in der Eifel.

GELBE WILDNARZISSE

Narcissus pseudonarcissus

Die Gelbe Narzisse wird auch Osterglocke genannt, weil sie zuverlässig an Ostern blüht. Sie hat als Wildpflanze in der Eifelregion ihr östlichstes Vorkommen in Europa. Im Frühjahr, kurz nach der Schneeschmelze und bevor die Bäume ihre Blätter austreiben, finden sich am Waldboden die ersten blühenden Pflanzen. Die Lichteinstrahlung und Wärme direkt über dem Boden bedeuten für die Frühblüher besondere Wachstumsbedingungen. Die Zwiebelpflanzen vermehren sich vegetativ durch Brutzwiebeln, werden ca. 40 cm hoch, und ihre Blüten stehen einzeln auf einem Stängel. Sie bevorzugt sonnige bis halbschattige Standorte in nährstoffreicher, feuchter Erde. Die Pflanze ist hoch giftig, ihre Wirkstoffe sind stark hautreizend. Die Wildpflanze ist von der Kulturform sehr verschieden, vor allem sind ihre Blüten erheblich kleiner. Die Gelbe Narzisse ist in ihren Beständen sehr stark bedroht und entsprechend streng geschützt.

18 Naturpark Hohes Venn-Eifel

Einsame Moore, erloschene Vulkane und die »Perle der Eifel«

ANFAHRT
Auf der A 4 bis Düren, dann weiter auf Landstraßen entlang der Rur bis Nideggen; nächstgelegene ICE-Bahnhöfe: Aachen, Düren

LAGE
Entlang der deutsch-belgischen Grenze zwischen Aachen und Prüm

GRÖSSE
1978 km^2

HÖCHSTE ERHEBUNG
Schwarzer Mann (697 m)

GRÜNDUNG
1960

INFORMATION
Verein Naturpark Nordeifel, Steinfelder Str. 8, 53947 Nettersheim

TELEFON
02486/91 11 17

INTERNET
www.naturpark-eifel.de, www.eifel-barrierefrei.de, www.eifel-blicke.de

Geologisch gehört der Naturpark zum linksrheinischen Schiefergebirge, die Gesteinsformationen und die damit verknüpften Böden und Landschaftsformen gliedern ihn in sechs große Naturräume. Im äußersten Nordwesten liegt das von Hecken überzogene Vennvorland, in dem der Blaustein an der Erdoberfläche zutage tritt. Daran schließt sich das Hohe Venn mit seinen Mooren und Heiden an, geologisch ein Teil der Ardennen. Der Fluss, der das idyllische Ourtal im Südwesten schuf, besitzt ein grenzübergreifendes Einzugsgebiet. Die Rur im Norden, nach der die Rureifel benannt ist, entspringt in Belgien, fließt durch Deutschland und mündet in den Niederlanden. In der Hocheifel, von Nordrhein-Westfalen bis nach Rheinland-Pfalz, gibt es die höchsten Erhebungen des Naturparks sowie die ausgedehntesten geschlossenen Wälder. Die Kalkeifel im Osten verrät durch ihren Namen, dass dort neben Schiefer kalkiges Gestein die Naturlandschaft prägt.

Rote Felsen, grüne Torfmoose Schiefer aus dem Erdaltertum ist das vorherrschende Gestein des Rheinischen Schiefergebirges. Hier und dort lagern in Mulden über dem Grundgebirge aber auch jüngere Gesteinsschichten, wie in der Dürener Rureifel der Buntsandstein. Das altertümliche Bergstädtchen ➠ **Nideggen** ❶ steht auf einem mächtigen Buntsandsteinfelsen hoch über der Rur mit einer der großartigsten Burgruinen des Rheinlands. Die steil abstürzenden roten Buntsandsteinfelsen über der Rur, die man auf dem Felsenrundgang Jungholz erkunden kann, sind das Revier von Turmfalke und Uhu, in der Talaue und im Fluss kommen Eisvogel, Gebirgsstelze und Wasseramsel vor, und auf dem benachbarten Stausee Obermaubach rasten und überwintern Vögel aus dem hohen Norden. Die Naturkundliche Ausstellung »Rur & Fels« in Nideggen-Brück zeigt die wichtigsten Lebensräume von Flussaue und Buntsandsteinfelsen mit Flora und Fauna; am Freigelände beginnt der Landschaftsentdeckungspfad Nideggen mit 28 Stationen (10 km).
Die Rur entspringt in 670 Metern Höhe im belgischen Anteil des Hohen Venns. Dort sind die ökologischen Faktoren für die Entstehung von Regenwassermooren ideal: hohe Niederschläge, kühle Temperaturen, Wasser stauende Böden und ein flaches Gelände, das den Abfluss verzögert.

Einsamkeit, Ruhe und Naturerlebnis pur verspricht eine Wanderung im Moorgebiet Hohes Venn bei Monschau.

Auf roten Buntsandsteinfelsen thront die Burgruine Nideggen über dem Rurtal.

Unter solchen Bedingungen gedeihen die tiefgrünen Torfmoose der Gattung Sphagnum, die den Vennen den Namen gegeben haben (franz. »fagne«), bestens. Ursprünglich waren einmal rund 1000 Hektar des Hochplateaus vermoort, inzwischen ist die Fläche intakter Hochmoore vor allem durch künstliche Entwässerung auf ca. 100 Hektar geschrumpft. Der größte Anteil davon befindet sich auf belgischem Gebiet. Ganz auf deutschem Boden liegt das Wollerscheider Venn, das man von ➠ **Lammersdorf** ❷ aus erkunden kann.

Wie Schwämme saugen sich die Hochmoore mit Wasser voll, speichern es und geben das Nass an Bäche und Flüsse ab, in denen es hinter 15 Staumauern und -dämmen gespeichert wird. Hinter dem 70 Meter hohen Damm der **Rurtalsperre** ❸ (mit ca. 200 Mio. m^3 Stauraum der größte Stausee der Eifel und nach der Bleiloch-Talsperre an der Saale der zweitgrößte Deutschlands) dehnt sich ein vielarmiger See. Er dient dem Hochwasserschutz und der Energiegewinnung und gehört deshalb zu den Wassersportrevieren des Rheinlands.

Die Perle der Eifel und der Perlenbach

Im Osten grenzt die Rur- an die Kalkeifel, eine offene Landschaft mit wenigen von Wasserläufen durchflossenen Tälern, denn der steinige Kalkboden lässt den Regen rasch im Untergrund versickern. In eines dieser Täler schmiegt sich am Rotbach das Dörfchen **Eicks** ❹ mit einem stattlichen Wasserschloss, das zu den schönsten Adelssitzen im Rheinland gehört.

Talaufwärts der Rurtalsperre strömt der Nebenfluss der Maas durch ➠ **Monschau** ❺ (bis 1918 Montjoie). Die kleine Stadt am Rand des Hohen Venns wird zu Recht als »Perle der Eifel« bezeichnet. Mit dem Roten Haus, einer trutzigen Burg und zahlreichen schwarz-

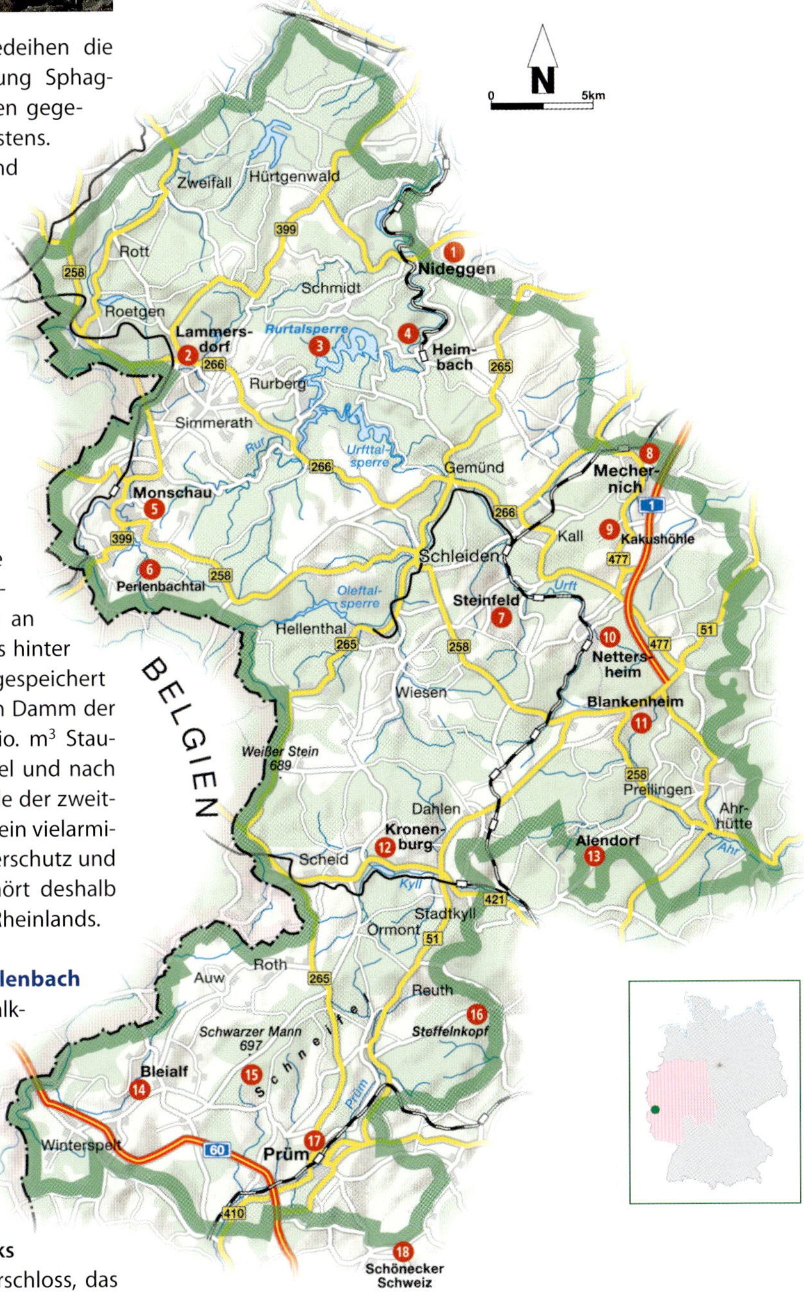

Uralte Steinformationen in der Kakushöhle bei Mechernich-Dreimühlen

weißen Fachwerkhäusern mit regenblauen Schieferdächern sowie mit den von Buchenhecken umschlossenen Bauernhöfen fügt sich der Ort harmonisch in die Eifellandschaft ein.

Das Prädikat »Perle der Eifel« könnte auch zoologisch verstanden werden. Bis vor ca. 200 Jahren gab es in den Bächen und Flüssen im belgisch-deutschen Grenzgebiet reiche Bestände von Perlmuscheln, Grundlage einer lukrativen Perlenfischerei. Raubbau und die Zerstörung der natürlichen Lebensräume haben sie vernichtet, auch im **Perlenbachtal** 6, durch das vom Gasthof Perlbacher Mühle bei Alzen eine schöne Wanderung führt. Die sonst sehr seltene wilde Narzisse kommt in dem idyllischen Wiesental in großer Zahl vor. Im Sommer blühen hier u. a. weiße Bärwurz, Berg-Platterbse, Heilziest und die leuchtend gelbe Arnika.

Eifelbasilika wird die Kirche der ehemaligen Prämonstratenserabtei (12. Jh.) in **Steinfeld** 7 genannt, ein karger romanischer Bau, der mit den beiden Rundtürmen und wenigen kleinen Fenstern eher einer Burg gleicht. Auch im Inneren herrscht strenge romanische Architektur vor, der jedoch die reiche spätgotische Gewölbemalerei und die prachtvolle barocke Orgel Glanz verleihen.

Fledermäuse und Fossilien Steinfeld liegt im Grenzsaum zwischen Rur- und Kalkeifel. Wo kalkiges Gestein zutage tritt, versickert das Wasser meist rasch im Untergrund und tritt in kräftig sprudelnden Karstquellen wieder aus. Drei solcher Quellgebiete bilden im Stadtgebiet von ➠ **Mechernich** 8 den Anfang der Eifelwasserleitung (um 80 von römischen Ingenieuren geplant), auch als Römerkanal bekannt, das größte antike Bauwerk nördlich der Alpen (100 km Länge). Auf dem Römerkanal-Wanderweg kann man die technische Meisterleistung kennenlernen. Die Römer schürften um Mechernich auch nach Erzen. Bis in die 1950er-Jahre hinein waren die Gruben im Mechernicher Bleiberg in Betrieb. Die Grube Günnersdorf ist heute als Besucherbergwerk und Bergbaumuseum eingerichtet.

Die **Kakushöhle** 9 (mit ca. 80 m Länge die größte bekannte der Karststeinhöhlen) durchzieht bei Mechernich-Dreimühlen einen frei stehenden Kalksinterfelsen. Im Eiszeitalter bot die Grotte Jägern und Sammlern Schutz; heute dient sie sieben Arten von Fledermäusen als Winterquartier, darunter Großem Mausohr und Teichfledermaus.

Der Grüne Pütz, die südlichste Brunnenstube der römischen Eifelwasserleitung, befindet sich nordwestlich von **Nettersheim** 10 im Urfttal, durch das u. a. ein Schmetterlingspfad führt. Vom Naturzentrum Eifel (Ausstellungen zu Archäologie und Geologie) führt auch ein Erlebnispfad zu einem Fossilienacker. Dort gesammelte Versteinerungen können im Fossillabor in der Alten Schmiede präpariert werden. Die Nettersheim-Tour »Archäologie entdecken« führt zu zahlreichen Fundstätten in der Umgebung, wie zum gallorömischen Tempelbezirk Görresburg.

Blütenmeere und Burgruinen Der Lauf der Ahr beginnt im Keller eines Fachwerkhauses (1726) in der alten Grafenstadt **Blankenheim** 11. Zur Wasserversorgung der oberhalb der Stadt gelegenen mittelalterlichen Burg musste ein ausgeklügeltes System entwickelt werden, zu dem der Tiergartentunnel gehört, eine Etappe auf dem Tiergartentunnel-Wanderweg (20 km) und ein in Europa einmaliges Denkmal alter Technik. Der Wanderweg führt auch durchs Naturschutzgebiet Haubachtal mit seiner nahezu unberührten Bachaue.

Einer der drei Quellbäche der Kyll beginnt seinen Lauf ebenfalls im Kellergeschoss eines Hauses. Dieser längste Fluss der Eifel ist unterhalb von **Kronenburg** 12 zu einem kleinen

Freizeitsee aufgestaut, mit der Ruine von Hochburg (14.Jh. erneuert) und Vorburg darüber. Von Kronenburg gelangt man durchs Kylltal bis Jünkerath und ➠ **Alendorf** ⓭. Am südlichen Ortsrand mündet das Lampertstal ein. Es steht zusammen mit den angrenzenden Höhen und einigen benachbarten Hügeln (insgesamt fünf Gebiete) unter Naturschutz – besonders für die Alendorfer Kalktriften mit herrlichen Wacholderbeständen, üppiger Kräuterflora und seltener Tierwelt. Im Frühling verwandeln sich die Kalkmagerrasen, von genügsamen Schafen beweidet, in Blütenmeere aus gelber Schlüsselblume, violettem Knabenkraut und Küchenschelle. Später kommen seltene Orchideen wie Waldhyazinthe, Große Händelwurz und verschiedene Ragwurz-Arten hinzu. Für Wärme liebende Reptilien wie Schlingnatter oder Zauneidechse sind die Kalktriften ebenfalls ideale Lebensräume.

Schnee-Eifel und Schönecker Schweiz

Bleialf ⓮ blickt auf eine über 1000-jährige Erzförderung zurück. Erst in den 1950er-Jahren kam der Bergbau endgültig zum Erliegen; der Mühlenberger Stollen der Grube Neue Hoffnung ist heute als Besucherbergwerk mit Bergbaupfad eingerichtet (www.besucherbergwerk.bleialf.org). Der Ort am Alfbach schmückt sich mit einem der großartigsten Gotteshäuser der Eifel, dem Mariendom, einer spätgotischen Hallenkirche, mit einem in Europa einmaligen Gemäldezyklus.

Für die Verhüttung der Erze wurden die Wälder der Umgebung verheizt, und eine zentrale Rolle in der Energieversorgung spielten die Köhler, die Holzkohle produzierten. Vielleicht hat der Schwarze Mann (698 m), die höchste Erhebung der **Schneifel** ⓯ von ihnen seinen Namen. Über die Herkunft des Namens des großteils dicht bewaldeten Höhenzugs besteht kein Zweifel: Er kommt vom Schnee, der hier besonders reichlich fällt. Reizvoll ist eine Wanderung zum Gipfel (vom Parkplatz Mooshaus/B 265).

An der Entstehung von Bleierzlagerstätten sind Vulkane maßgeblich beteiligt, hauptsächlich jedoch unterseeische Vulkane. Die in den letzten 700 000 Jahren aktiven Feuerberge, die sich als 50 Kilometer lange Kette von Ormont bis Bad Bertrich durch die Eifel ziehen, waren dagegen kontinentale Vulkane. Mehr als 240 Eruptionszentren bilden diese Kette, darunter der **Steffelnkopf** ⓰ am Rand des Dörfchens Steffeln. Im Vulkangarten Steffelnkopf kann man tief ins Innenleben eines Vulkans schauen. Die Vulkane der Westeifel sind meist niedrige Schlackenkegel oder aber Maare, durch explosionsartig verdampfendes Grundwasser in die Erdkruste gesprengte Kessel, durch das wohl auch der Steffelnkopf entstanden ist.

Der tiefe Krater im Kalvarienberg von **Prüm** ⓱ hat keinen vulkanische Ursprung; er entstand als Folge einer verheerenden Explosion von Kriegsmunition, bei der die Stadt 1949 schwer zerstört wurde. Prüm war über jahrhundertelang u. a. Sitz einer begüterten Reichsabtei; in der St.-Salvator-Basilika (18. Jh.) befinden sich das Grab Kaiser Lothars sowie ein Reliquienschrein, der Teile der Sandalen Christi enthalten soll.

Die mit Kalkstein- und Dolomitschichten gefüllte Prümer Mulde ist ein Dorado der Fossiliensammler. Das Karbonatgestein spiegelt sich am schönsten in der wildromantischen **Schönecker Schweiz** ⓲ am Schalkenbachtal wider (am nördlichen Ortsrand von Schönecken vor der Nimsbrücke rechts auf den befestigten Talweg). Wuchtige Dolomitblöcke mit Klufthöhlen säumen den Weg, etwa an der Jungfernlay. Im Frühjahr sind die Klippen in den Kalkbuchenwäldern am besten zu erkennen. Dann blühen auch Hohler Lerchensporn, Waldbingelkraut, Schlüsselblume, Buschwindröschen und Aronstab sowie Seltenheiten wie Akelei und Seidelbast.

LETZTE MOHIKANER DER EISZEIT

Moore, auch die des niederschlagsreichen Höhenrückens Hohes Venn, besitzen ein charakteristisches Geländeklima, das sie als Kälteinseln auszeichnet. Die offenen Moorlandschaften gleichen dem Lebensraum von arktischer Tundra und Waldtundra. So leben auf dem Hohen Venn z. B. die Nordische Wühlmaus und knapp zwei Dutzend Birkhühner, die als Spezies gegen Ende der jüngsten Eiszeit weiter verbreitet waren, sich jedoch in die für sie günstigsten Biotope zurückziehen mussten. Mancher Bewohner des Nordens entdeckt auch die Moorwälder des Vennplateaus als neuen Lebensraum, so z. B. der Raufußkauz (Bild), der seit den 1960er-Jahren in der Region nistet.

19 Naturpark Südeifel

Genusswandern im abgeschiedenen Grenzland

ANFAHRT
Auf der A 60 bis Ausfahrt Prüm und über die B 51 nach Prüm, von dort auf der B 410 bis Irrhausen; nächstgelegene Bahnhöfe: Bitburg, Gerolstein

LAGE
Im äußersten Westen von Rheinland-Pfalz, südlich des Naturparks Nordeifel und nördlich des Naturparks Saar-Hunsrück

GRÖSSE
440 km^2

HÖCHSTE ERHEBUNG
Auf Holbert (543 m)

GRÜNDUNG
1958

INFORMATION
Naturpark Südeifel e. V., Auf Omesen 2, 54666 Irrel

TELEFON
06525/792 06

INFOZENTRUM
In Ernzen und Körperich

INTERNET
www.naturpark-suedeifel.de

Im Norden umfasst der Park die Islek, ein raues, fast unbewohntes Hochplateau. Die Mitte bildet das wesentlich mildere und trockenere Bitburger Gutland mit weiten Feldern und Wiesen. Von besonderem landschaftlichem Reiz ist der Süden des Naturparks, wo sich die Flüsse Sauer und Prüm tief in den Luxemburger Sandstein gegraben haben. Die Naturlandschaften des Parks setzen sich jenseits von Our und Sauer, den Grenzflüssen zu Luxemburg, fort, und so wurde 1963 der Deutsch-Luxemburgische Naturpark aus der Taufe gehoben mit dem Naturpark Südeifel als deutschem Anteil.

Ins Tal der Schmetterlinge Nahe beim Campingplatz von Irrhausen liegt das Erholungsgebiet **Irsental** ❶, das ins Naturschutzgebiet »Ginsterheiden im Irsental« übergeht. Im »Tal der Schmetterlinge« wurden an die 500 Arten ausgemacht, dazu über 1000 Käferarten und rund 60 Vogelspezies. Hochebenen, Felsen, Hänge, Auen, Bäche und Weiher bilden ein Vegetationsmosaik mit vielfältiger Fauna. In Daleiden steht das »Haus Islek« (Tel. 06550/92 94 15), das eine interaktive Reise zu den Besonderheiten des Gebiets bietet.

Die ➜ **Our-Schleife** ❷ erreicht man zu Fuß über Wanderwege vom Parkplatz in Keppeshausen. Keine Straße folgt hier dem tief eingeschnittenen, einsamen Flusslauf. Beeindruckend wirkt die doppelte Flussschlinge auch von oben, etwa beim Wanderparkplatz »Schutzhütte« am südwestlichen Ortsrand von Waldhof-Falkenstein. An der bewaldeten Bergflanke »klebt« die dreitürmige Ruine Falkenstein (12. Jh.).

Die **Muxerather Höhe** ❸ (535 m) nahe dem höchsten Punkt der Straße Muxerath–Kreutzdorf ist völlig unspektakulär. Und doch lohnt sich ein Besuch: Nach allen Himmelsrichtungen schweift der Blick frei über die Landschaft, eine Hochfläche, die von über einem Dutzend Tälern durchbrochen wird. Das anmutig im schmalen Enztal gelegene Städtchen **Neuerburg** ❹ bildet den Hauptort der Gegend. Über ihm thront eine Burgruine (12./13. Jh.).

Zeugnisse aus verschiedenen Kulturen Der **Gaytal-Park** ❺ in Körperich-Obersgegen (www.gaytalpark.de), ein Umwelterlebniszentrum, informiert mit modernen Medien über die Natur der Region. Im Außengelände (20 ha) entlang dem Gaybach werden Ausschnitte unterschiedlicher Kul-

Besonderes Highlight im Naturpark Südeifel: die tosenden Irreler Wasserfälle

turlandschaften gezeigt, z. B. informiert die »Station Stein« über die Geologie der Gegend.

Wer aus dem Sauertal aufs Ferschweiler Plateau hinauffährt, entdeckt links zwischen den Bäumen ➡ **Schloss Weilerbach** 6, das eine abenteuerliche Entstehungsgeschichte hat: Um 1780 wurde hier eine große Produktionsanlage errichtet und dazu u. a. das Schloss. Bis zu 220 Arbeiter produzierten in den folgenden 150 Jahren Eisen, Stahl, Öfen und Dreschmaschinen. Ab 1987 wurde die Anlage restauriert und rekonstruiert. Im Rokoko-Schloss finden heute kulturelle Veranstaltungen statt, und in der ehemaligen Remise stehen ein Modell der Anlage sowie einige Produkte der Hütte.

Die Flüsse Sauer, Prüm und Enz säumen das ➡ **Ferschweiler Plateau** 7, dessen Ränder steil abfallen und so eine natürliche Festung bilden, die schon Steinzeitmenschen, Kelten und Römer nutzten. Wanderwege führen zu den Zeugnissen verschiedener Kulturen, wie z. B. zu den Menhiren Fraubillenkreuz und Druidenstein, zu Diana-Denkmal und Weihetempel am nördlichen Ortsrand von Ernzen. Die Schankweilerklause, eine Rokoko-Wallfahrtskapelle, entstand 1762. Der Felsenweiher in Ernzen (Mitte des 19. Jhs. angelegt) ist ein wildromatisches Felsbassin mit Grotten, Terrassen und kleinen Brücken.

»Unechte« Wasserfälle und eine Teufelsschlucht

Von Prümzurlay windet sich ein Sträßchen hinauf zur teilrekonstruierten Ruine **Prümerburg** (12. Jh.) 8. Der Turm bietet einen schönen Blick übers Prümtal und zum Ferschweiler Plateau. Vom Waldparkplatz an der Straße Prümzurlay–Irrel erreicht man kurz die ➡ **Irreler Wasserfälle** 9. Tosend schießen die Wassermassen der Prüm zwischen haushohen Sandsteinfelsen hindurch. Während der letzten Eiszeit brachen die Brocken vom Rand des Ferschweiler Plateaus ab und stürzten in den Fluss, der auch bei Wildwasserkanuten beliebt ist.

Der Anblick der ➡ **Teufelsschlucht** 10 ist atemberaubend (von der Prümbrücke über die Irreler Wasserfälle ca. 2 km bergan). Die 28 Meter tiefe und an der schmalsten Stelle nur einen Meter »breite« Schlucht im »Luxemburger Sandstein« soll der Sage nach Teufelswerk sein. Geologen sehen das profaner: Der Frost sprengte während der letzten Eiszeit einen riesigen Block aus dem Rand der Hochfläche. Nahe dem oberen Ende der Schlucht, auf dem Ferschweiler Plateau, steht die Naturerkundungsstation Teufelsschlucht (www.teufelsschlucht.de) mit Landschaftsmuseum und umfangreichem Veranstaltungsprogramm.

STECHPALME *ILEX AQUIFOLIUM*

Als Wappenpflanze des Naturparks dient dieses hübsche, wehrhafte Gewächs mit seinen charakteristischen roten Beeren. Die je nach Standort als Strauch oder als Baum wachsende Pflanze – hierzulande eines von nur wenigen Laubgewächsen, die auch im Winter grün bleiben – wurde wegen dieser Eigenschaft schon von den Kelten und Germanen verehrt.

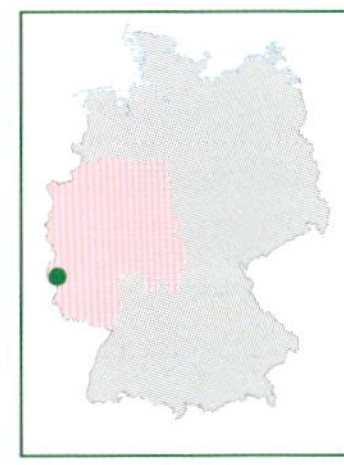

20 Naturpark Rheinland

Rheinland mal anders – hügelige Feuerberge und weite Seenplatten

ANFAHRT
Auf der A 61 bis Ausfahrt Bedburg; nächstgelegene ICE-Bahnhöfe: Bonn, Köln

LAGE
Zwischen Rhein und Eifel, in der südlichen Spitze der Niederrheinischen Bucht, westlich von Köln und Bonn

GRÖSSE
1045 km²

HÖCHSTE ERHEBUNG
Hochkopf (376 m)

GRÜNDUNG
1959 als Naturpark Kottenforst, 1965 als Erholungspark Ville, 1978 Zusammenschluss zum Naturpark Kottenforst-Ville; 2005 Namensänderung in Naturpark Rheinland

INFORMATION
Naturpark Rheinland, Willy-Brandt-Platz 1, 50126 Bergheim

TELEFON
02271/83 42 10

INFOHAUS
In Rheinbach

INTERNET
www.naturpark-rheinland.de

Kernstück des Naturparks vor den Toren Kölns und Bonns ist der Kottenforst, das historisch bedeutendste Waldgebiet im Rheinland. Der Höhenzug der Ville, der den Naturpark von Nord nach Süd durchzieht, bildet sein landschaftliches Rückgrat und umfasst im aufgelassenen Teil des rheinischen Braunkohlereviers einige der bemerkenswertesten Beispiele für Natur aus zweiter Hand. Nach Osten wird die Ville zum Vorgebirge, das sich steil über die Rheinebene erhebt. Westwärts geht der Höhenzug ohne scharfe Grenzen in ertragreiches Ackerland mit zahlreichen Kulturdenkmälern über. Im Süden berührt der Park noch zwei weitere Naturräume: den sanften Anstieg zur Eifel mit ausgedehnten Buchen- und Eichenwäldern und die Vulkanberge des Drachenfelser Ländchens.

Deutschlands »größtes Loch« und ein Kleinod der Romanik Rund 1000 Meter sind die Schichten des Tertiärs im Untergrund der Niederrheinischen Bucht dick, etwa ein Zehntel davon enthält Braunkohlenflöze. Seit der Ausbeutung der Bodenschätze (19. Jh.) hat sich das Landschaftsbild im Norden des Naturparks tiefgreifend verändert. Östlich von **Bedburg** (1) erstreckt sich ein großes, teilrekultiviertes Tagebaugelände. Vier Zehntel der Fläche des Städtchens an der Erft wurden »ausgekohlt«; der historische Stadtkern mit Renaissance-Wasserschloss und Schlosspark blieb erhalten. Zu Bedburg gehört auch das malerische Städtchen Alt-Kaster, die »Perle an der Erft«, mit mittelalterlichen Stadttoren, barocken Bürger- und Amtshäusern sowie der spätgotischen Pfarrkirche St. Georg.
Ein bewaldeter Berg zieht in der ebenen, fast unbewaldeten Jülicher Börde südwestlich von Bedburg die Blicke an: die Sophienhöhe (290 m),

Die ehemalige Benediktinerabtei Brauweiler

als Abraumhalde ein künstlicher Berg, der seit Ende der 1970er-Jahre mit dem ➠ **Tagebau Hambach** ❷ geschaffen wurde. Die markante Höhe, inzwischen ein beliebtes Wandergebiet, ist der jüngste Berg Deutschlands; die Grube ist der größte und zugleich tiefste Tagebau unseres Landes (85 km² Abbaufläche, 290 m Sohlentiefe). Jährlich werden hier 40 Mio. Tonnen Braunkohle und die sechsfache Menge an Abraum gefördert. Bis 2040 reichen die Vorräte voraussichtlich, dann soll das »größte Loch Deutschlands« geflutet werden.

Die Aussichtsplattform bei Elsdorf-Angelsdorf am Rand des gigantischen Tagebaus ist die letzte Station an der »Straße der Energie« (ca. 30 km), die sich mit den verschiedensten Aspekten von Energiegewinnung und Braunkohlenförderung beschäftigt. Sie beginnt am **Schloss Paffendorf** ❸, das ein Infozentrum der rheinischen Braunkohlenindustrie beherbergt. Zum pittoresken Märchenschloss gehört ein großer Landschaftspark mit Mammutbäumen, Ginkgos und Riesenlebensbäumen und einem Forstlehrgarten.

Die altehrwürdige ➠ **Abtei Brauweiler** (1048) ❹ beherrscht weithin die Kölner Bucht. Die barocken Abteigebäude bilden zusammen mit den mittelalterlichen Bauten eine der schönsten Klosteranlagen des Rheinlands, und in der ehemaligen Benediktiner-Abteikirche verbirgt sich eine Schatzkammer sakraler Kunstwerke. Nach der Aufhebung des Klosters erlebte die Abtei eine wechselvolle Geschichte; heute ist sie u. a. ein stilvoller Rahmen für Konzerte.

Keramik aus erster, Natur aus zweiter Hand Die Aussichtsplattform am Buschbell nordwestlich von **Frechen** ❺ gewährt einen atemberaubenden Blick in eine 70 Meter tiefe Grube, aus der nicht dunkle Braunkohle, sondern heller Quarzsand gefördert wird. Die Stadt am Vorgebirge ist auch mit Braunkohle und vor allem Ton gesegnet, seit mehr als 500 Jahren Grundlage einer florierenden keramischen Industrie. In der Stiftung Keramion kann man die Produkte der Töpferstadt bewundern. Nach Verlagerung des Braunkohlebergbaus von der Ville westwärts in die Börden, blieben Abbaufolgelandschaften zurück. Inzwischen wurden die Gruben und Kippen rekultiviert, und es entstanden Berge, Wälder und künstliche Seen, z. B. rund um ➠ **Hürth** ❻. Dort erstreckt sich der Otto-Maigler-See (gut 2 km lang), der Wassersportler anlockt und eines der 40 stehenden Gewässer ist, die

Das prächtige Schloss Augustusburg bei Brühl

sich zur Ville-Seenplatte zusammenschließen. Die entlegeneren Seen sind wertvolle Biotope für Wasservögel wie den Teichrohrsänger oder die Saatgans.

Der Heider Bergsee am westlichen Stadtrand von ➡ **Brühl** 7, neben der historischen Wasserleitung der Römer aus der Eifel nach Köln, ist auch ein Relikt des Bergbaus. Die Seen und Weiher in der barocken Gartenanlage von Schloss Augustusburg wurden vom Gartenkünstler Girard geplant und sind kleine Bausteine eines grandiosen Gesamtkunstwerks, zu dem auch das Jagdschloss Falkenlust zählt. Beide Schlösser entstanden unter Mitwirkung so bedeutender Baumeister wie Schlaun, Cuvilliés oder Neumann. Seit 1984 sind sie als kostbarste Schöpfungen des deutschen Rokoko in der UNESCO-Liste der Welterbestätten verzeichnet.

Das Naturschutzgebiet Neffelsee und der gleichnamige Badesee verdanken ihre Entstehung dem ehemaligen Braunkohleabbau rund um **Zülpich** 8; der Kern des römischen Marktorts Tolbiacum steht noch auf Braunkohle. Zahlreiche Spuren wie die Römerwasserleitung oder die Thermen erinnern an die Römerzeit. Das heutige Stadtbild wird von mittelalterlichen Bauten beherrscht, u. a. von den stämmigen Türmen der Landesburg.

Von der Erft hat man am Eifelrand den Erftmühlenbach abgezweigt. Einst trieb er 24 Wassermühlen an und speiste die Gräben der beiden Wasserburgen in **Kuchenheim** 9. Aus einer Getreidemühle hat sich hier über eine Papiermühle und Spinnerei eine Tuchfabrik entwickelt, die seit einem halben Jahrhundert außer Betrieb und jetzt zu einem der sechs Standorte des Rheinischen Industriemuseums geworden ist. Der Maschinenpark der Tuchfabrik Müller ist erhalten, die Maschinen produzieren noch Wolldecken und Lodenstoffe (im Museumsshop zu kaufen).

Edle Gläser und erloschene Vulkane Das am Eifelanstieg gelegene, im Kern fachwerkbunte und vom Hexenturm überragte Städtchen **Rheinbach** 10 hat einen Ganzglaspavillon, der ohne Mauern oder Stahlträger auskommt. Im Glasmuseum (www.glasmuseum-rheinbach.de) stehen eher die ästhetischen Seiten des zerbrechlichen Materials im Vordergrund. Über die naturräumlichen und kulturellen Besonderheiten der Region informiert das Haus der Natur, das Infozentrum des Naturparks.

Ein zweites Haus der Natur bildet bei Bonn-Ippendorf den Auftakt zu einer Tour (ca. 12 km) durch den **Kottenforst** (11). In diesem Eichenmischwald wurden an markanten Stellen zur Erinnerung an prominente Rheinländer (heute mächtige) Eichen angepflanzt. Das Waldgebiet auf der Ville ist ein ehemaliges Revier der Parforce-Jagd, bei der das Wild mittels eines sternförmig angelegten Systems von Wegen und Schneisen durch Hundemeuten vor die Büchsen der Waidmänner gehetzt wurde.

Im Vergleich dazu wirkt das von den Jägern der Altsteinzeit im ➠ **Drachenfelser Ländchen** (12) praktizierte Waidwerk fast human; sie hatten es im Eiszeitalter vor rund 250 000 Jahren mit Mammuts und Wollnashörnern zu tun. Damals erbebte der Rodderberg (von Wachtberg-Niederbachem auf der Vulkanstraße zu erreichen) unter seinen letzten Ausbrüchen; die vulkanische Aktivität begann vor ca. 800 000 Jahren. Damit ist der Tuff- und Schlackenring zwar nicht der jüngste, aber einer der am besten erhaltenen Vulkane auf deutschem Boden. Vom Drachenfels am rechten Ufer des Stroms, auf den man vom Heinrichsblick am Kraterrand aus hinabschaut, blieb dagegen nur eine 25 Mio. Jahre alte Vulkanruine. Ruinen sind auch die meisten Feuerberge im Drachenfelser Ländchen links des Stroms, wie Wacht-, Stumpe- und Dächselsberg.

BRAUNE TAGEBÜCHER

Damit sind die Braunkohlenflöze (Bild) gemeint, die unter dem Rheinland lagern. Sie berichten durch die aus den Schichten geborgenen Fossilien akribisch über die Zeit vor rund 8–24 Mio. Jahren. Damals herrschte am heutigen Niederrhein ein warm-gemäßigtes bis subtropisches, meist feuchtes Klima. Sumpf- und Auwälder, Moore und Röhrichte bedeckten die von den Urahnen des Rheins durchflossenen küstennahen Niederungen. Sie waren die Lebensräume einer exotischen Flora und Fauna, mit Sumpfzypressen, Schirmtannen und einzelnen Palmen, Riesenfröschen, -bibern, -salamandern und -libellen, Elefanten mit vier Stoßzähnen oder Nashörnern mit und ohne Horn. Spätestens die Eiszeiten haben diesen urtümlichen Lebewesen den Todesstoß versetzt.

Vom Drachenfelser Ländchen, einem der eindrucksvollsten Vulkangebiete Deutschlands, blickt man auf den Rhein.

21 Naturpark Siebengebirge

Petersberg, Drachenfels und das »achte Weltwunder«

ANFAHRT
Auf der A 3 bis Ausfahrt Siebengebirge, dann weiter Richtung Königswinter und in Ittenbach abzweigen nach Thomasberg, dort links Richtung Nieder- und Oberdollendorf; nächstgelegener ICE-Bahnhof: Bonn

LAGE
Im rechtsrheinischen Rheinland im westlichen Nordrhein-Westfalen

GRÖSSE
48 km^2

HÖCHSTE ERHEBUNG
Großer Ölberg (460 m)

GRÜNDUNG
1958

INFORMATION
Margarethenhof, Königswinterer Str. 409 (Eingang Löwenburger Str.), 53639 Königswinter

TELEFON
02223/90 94 94

INFOHAUS
In Königswinter

INTERNET
www.naturpark-siebengebirge.de

Die bewaldeten Bergkegel der Vulkanlandschaft des Siebengebirges erheben sich am rechten Rheinufer an der Abbruchlinie vom Westerwald zur Niederrheinischen Bucht. Sieben der rund 40 Vulkankegel prägen die Silhouette des kleinteiligen Berggebiets (lat. »septem montes«, die sieben Berge). Der Große Ölberg bei Bad Honnef ist die höchste Erhebung, der Drachenfels bei Königswinter einer der meistbesuchten Berge Deutschlands. Mit seinem Nordausläufer, dem Ennert, reicht das Siebengebirge bis auf das Gebiet der Stadt Bonn. Der spannendste Wanderweg durchs Siebengebirge ist der Rheinsteig.

Imposante Chorruine Die Ruine der Abteikirche des **Klosters Heisterbach** ❶ zählt zu den bedeutendsten Baudenkmälern im Westen Deutschlands. 1918 erwarben die Cellitinnen das verwahrloste Anwesen und verwandelten es in ein Schmuckstück. 1986 wurde die Restaurierung der stimmungsvollen Ruine aus der Übergangsperiode von der Romanik zur Gotik abgeschlossen.

Die von den Heisterbacher Zisterziensern angelegte Weinbauanlage **Niederdollendorfer Heisterberg** ❷ wurde 2002 nach mittelalterlichem Vorbild mit den Rebsorten Riesling, Früh- und Spätburgunder, Elbling und Malinger neu bepflanzt. Die fast vergessenen Sorten auf dem knapp 0,6 Hektar kleinen Weinberg werden an Holzpfählen erzogen. Ziel ist die langfristige und nachhaltige Bewirtschaftung des Weinbergs, wobei die kulturlandschaftlichen, historischen und ökologischen Besonderheiten des Standorts berücksichtigt und die vielfältige Flora und Fauna in diesem »mittelalterlichen« Weinberg erhalten werden sollen.

Schöne Wanderwege (»R«, Rheinhöhenweg) führen von Kloster Heisterbach zum Nonnenstromberg und auf den ➠ **Großen Ölberg** ❸ (Aufstieg ca. 45 Min.). Auf der Kuppe hat man von der Terrasse der Ausflugsgaststätte eine traumhafte Aussicht: Gegenüber erhebt sich der Drachen-

SCHLOSS DRACHENBURG

Schloss Drachenburg ist das »Neuschwanstein des Siebengebirges« und ein beeindruckendes Kultur-, Natur- und Gartenmuseum. Der Bonner Börsenmakler Stephan von Sarter ließ die pompöse Anlage 1882–84 in historisierenden Formen auf halber Drachenfels-Höhe ❺ errichten und mit einem Landschaftspark umgeben. 1986 wurde die verfallende Burg unter Denkmalschutz gestellt, 1995 begann die Restaurierung. In der Vorburg befindet sich heute das Museum zur Geschichte des Naturschutzes in Deutschland. Innenräume und Parkanlage sind zu besichtigen. Vom Nordturm und der Venusterrasse aus bietet sich ein einzigartiger Blick (www.schloss-drachenburg.de).

fels, weiter rechts die bewaldete Basaltkuppe des Petersbergs, links davon liegt Bad Godesberg mit der Godesburg.

Der berühmteste der »sieben Berge« **Königswinter** ❹ am Fuß des Siebengebirges ist seit Eröffnung der Zahnradbahn (1883) auf den Drachenfels einer der meistbesuchten Orte im Rheintal. Der bewaldete Bergkegel des ➠ **Drachenfels** ❺, der steil zum Rhein abbricht und eine Burgruine trägt, ist das Wahrzeichen von Königswinter und der berühmteste der »sieben Berge«. Die Gemälde in der Nibelungenhalle an der Mittelstation der Bahn stellen Szenen aus Richard Wagners »Der Ring des Nibelungen« dar. Direkt daneben befinden sich die Drachenhöhle mit Drachenskulptur und Reptilienzoo. Von den Aussichtsterrassen hat man ein umfassendes Panorama u. a. auf Bad Honnef und auf den Rodderberg (195 m), den jüngsten deutschen Vulkan, der durch den Rolandsbogen der 1475 zerstörten Burg Rolandseck bekannt ist. Von der Bergstation führt ein Weg zur Ruine der romanischen Hochburg auf dem Gipfel des Drachenfels. Bereits zur Römerzeit wurden am Drachenfels Trachytsteine zum Bau von Legionslagern gebrochen. 1829 verbot König Friedrich Wilhelm III. von Preußen den weiteren Abbau des inzwischen fast auseinanderbrechenden Berges. Um ihn und die Burgruine zu erhalten, wurden Betonklammern eingesetzt, die den Berg heute zusammenhalten.

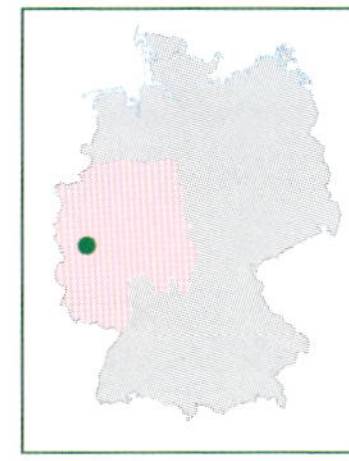

Einen schönen Blick auf den Drachenfels (im Bild rechts) hat man von einem der Ausflugsschiffe auf dem Rhein.

22 Naturpark Rhein-Westerwald

Zwischen sonnigen Weinbergen und kühlen Schluchtwäldern

ANFAHRT
Auf der A 3 Frankfurt–Köln bis Ausfahrt Bad Honnef/Linz und nach Unkel oder auf der B 42 Koblenz–Königswinter bis Unkel; nächstgelegener ICE-Bahnhof: Montabaur

LAGE
Im Rheinischen Schiefergebirge, zwischen unterem Mittelrheintal im Westen und Oberem bzw. Hohem Westerwald im Osten

GRÖSSE
446 km²

HÖCHSTE ERHEBUNG
Asberg (Linzer Höhe; 441 m)

GRÜNDUNG
1962

INFORMATION
Naturpark Rhein-Westerwald e. V., Pf 1160, 56588 Waldbreitbach

TELEFON
02638/80 09 22

INTERNET
info@waldbreitbach-vg.de, www.westerwald.info, www.rhein-westerwald.de

Der Naturpark berührt das untere Mittelrheintal, das sich zwischen Neuwied und Andernach zu einem breiten, vor allem mit Flusssedimenten und jungen vulkanischen Ablagerungen gefüllten Becken öffnet, und den Vorderwesterwald, ein welliges Hochland, das als Teil des Rheinischen Schiefergebirges aus gefalteten Schichten des Erdaltertums besteht und von einigen Vulkanruinen überragt wird. Das Mittelrheintal hat ein warmes und trockenes Weinklima; im Rheinwesterwald, dem Übergang zwischen den Talhängen und dem von der Wied und ihren Zuflüssen entwässerten Hochland, wird das Klima kühler und feuchter. In kaum einer anderen Gegend Deutschlands gibt es so eine Waldvielfalt: von Eichen-Elsbeeren-Wäldern an den warmen Steilhängen des Rheintals bis zu Ahorn-Eschen-Wäldern in den kühlen und feuchten Schluchten des Hochlands.

Wo ist's am Rhein so schön? Der Weinort **Unkel** ❶ erstreckt sich am Rheinufer vor den schroffen Steilhängen des Elsbergs und der aussichtsreichen Stuxhöhe, an deren Fuß ein kleiner Bach in der »Unkeler Schweiz« über eine Felsrippe im Bachbett herabstürzt. Der Name des Städtchens kommt wahrscheinlich vom lateinischen »uncus« (Bogen). An eben diesem Bogen der Rheinpromenade stehen einige der bedeutendsten Bauten Unkels, etwa das barocke Freiligrathhaus, in dem sowohl der Dichter Freiligrath (im 19. Jh.) als auch Altbundeskanzler Willy Brandt einmal wohnten.

Wenige Kilometer südlich ragt die ➡ **Erpeler Ley** ❷ bei Erpel fast 140 Meter über dem Rhein auf. Der wuchtige, teilweise in typische Säulen gegliederte Basaltklotz ist eine bis auf die Fundamente abgetragene Vulkanruine. Von dem im Eiszeitalter durch den Rhein eingeebneten Gipfelplateau blickt man weit hinaus bis Remagen mit seiner Brücke. Der Fels bietet auch viele natürliche Kostbarkeiten wie Goldaster, Zweiblättrigen Blaustern oder Blauen Lattich, der hier die Nordgrenze seines Verbreitungsareals erreicht.

Viel buntes Fachwerk hat der »Bunten Stadt am Rhein«, ➡ **Linz am Rhein** ❸, ihren Beinamen verliehen. Sie schmiegt sich mit der 1927 wiedererrichteten Burg an den auf der Höhe von Kiesgruben zernagten Ockenfels.

Das idyllische Rheinufer, hier bei Linz am Rhein

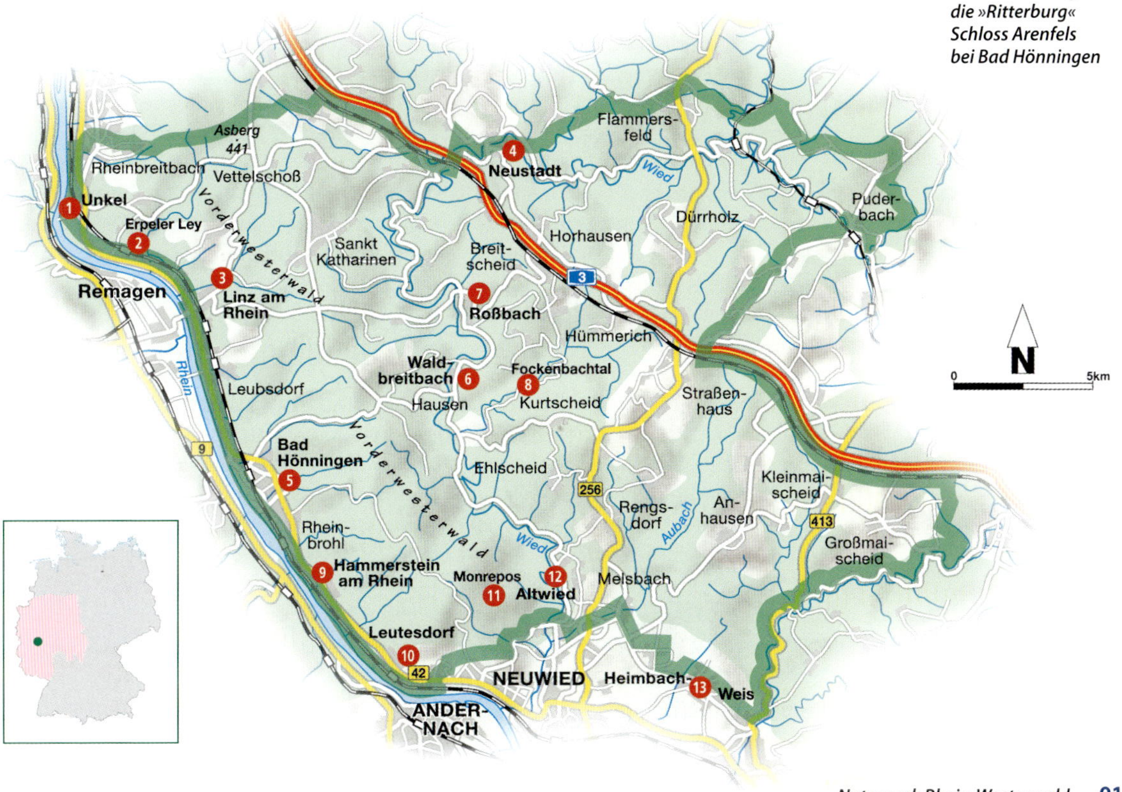

Neugotisches Juwel in den Weinbergen: die »Ritterburg« Schloss Arenfels bei Bad Hönningen

Fast ein kleiner Urwald: Das dicht bewachsene Wiedtal in üppigem Grün mit seinen vielen Mäandern

Vom Stadtkern mit gotischem Rathaus und der Pfarrkirche St. Martin (1214) geht es nordwärts in die engen Bachtäler des Rheinwesterwalds mit seinen besonders schönen Schluchtwäldern.

Mäander, Mühlen und Molche Zwei markante Basaltkuppen erheben sich oberhalb von ➠ **Neustadt (Wied)** ❹: der Bertenauer Kopf, ein stummer Zeuge des Vulkanismus des mittleren Tertiärs, und der um etliche Millionen Jahre jüngere »Telegraphenhügel«, der durch seinen Namen an die ehemalige Station der optischen Telegrafenlinie Koblenz–Berlin erinnert.

Die Wied (140 km lang) schlängelt sich rund 200 Meter tiefer in ausgeprägten Talmäandern durch den Niederwesterwald – ein Paradies für Wasserwanderer und z. T. auch noch für die Flora und Fauna der Talauen, wie in der Berschaue am östlichen Stadtrand von Neustadt. Weiter südostwärts gelangt man zum landschaftlichen und kulturellen Höhepunkt am Oberlauf der Wied: dem einzigartigen Ensemble von Ruine, Kloster und Kirche Ehrenstein mit wundervollen Glasgemälden, das seit dem Mittelalter auf einem wasserumflossenen Bergsporn steht.

Mit heilkräftigem Wasser aus der Tiefe und warmem Klima, unter dem am Schlossberg die Trauben für einen hervorragenden Rotwein reifen, wird **Bad Hönningen** ❺ gleich zweifach von der Natur verwöhnt. Das ausnehmend milde Klima bekommt auch den seltenen Pflanzen gut, die an den Steilhängen in lichten Wäldern und in Felsfluren wachsen, vor allem den Orchideen am Kronenberg gegenüber von Schloss Arenfels. Im Ort lohnt das »Hohe Haus« mit dem Heimatmuseum einen Besuch sowie der rekonstruierte Römerturm an der Landstraße am Beginn des obergermanisch-rätischen Limes.

Der an der Wied gelegenen Luftkurort **Waldbreitbach** ❻ und seine waldreiche Umgebung locken mit viel Sehenswertem, etwa dem Franziskanerinnenkloster St. Marienhaus, der Kreuzkapelle (1694) zwischen Waldbreitbach und Hausen und mit alten Mühlen wie der Ölmühle (1700) an der Wied.

Zur über 300 Jahre alten Neschermühle gelangt man von **Roßbach** ❼ durchs Masbachtal wandernd (30 Min.). Wahrzeichen des

idyllischen Luftkurorts im mittleren Wiedtal ist das »Roßbacher Häubchen«, eine steile Basaltkuppe, zu der der Nord-Süd-Fernwanderweg 2 hinaufführt. Oben schließt sich um einen aufgelassenen Steinbruch mit Klippen aus Säulenbasalt ein Lehrpfad über Geologie sowie regionale Flora und Fauna an.
Im Naturpark Rhein-Westerwald sind besonders schützenswerte Kernzonen ausgewiesen, z. B. das **Fockenbachtal** 8 bei Niederbreitbach. Das vom Fockenbach durchflossene Laubwaldgebiet mit seinen grauen Schieferfelsen prägen Rotbuchen-, Ahorn- und Eschenbestände. Der mit Teichen durchsetzte Talgrund wird von Feuchtwiesen, Röhricht und Ried eingenommen, wo der bedrohte Kammmolch lebt. Zum Tal gehört u. a. auch die Fockenbachsmühle. Lohnende Abstecher führen vom Tal zur Burgruine Neuerburg oder von der Fockenbachsmühle zum »Teufelstritt«.

Steppenheide und eiszeitliche Tundra Seinen Namen hat der in zwei Teile gegliederte Weinort **Hammerstein am Rhein** 9 von der alten Reichsburg Hammerstein, einer der ältesten und bedeutendsten Burgen im Mittelrheintal. Unter den Rebsorten dominiert hier der Riesling, und so heißt der Weg, der zur Feste hinaufführt, auch »Rieslingwanderweg«. Unten im Strom liegt die Hammersteiner Werth, eine der wenigen Inseln im Mittelrhein. Zu Zeiten des Vogelzugs rasten dort gefiederte Gäste, für die das Rheintal eine wichtige Leitlinie ist.
Die Weinbaugemeinde **Leutesdorf** 10 zieht sich als schmaler Streifen unterhalb der Rebgärten entlang und ist auf der »Historischen Rheinstraße« und der Rheinpromenade vom trutzigen Zolltor bis zum Barockschloss Marienburg bequem zu erkunden. Zum Naturschutzgebiet Langenbergskopf gelangt man von der romanisch-gotischen Pfarrkirche St. Laurentius im Zentrum nordwärts. Er bietet neben der Aussicht eine Steppenheideflora mit u. a. Diptam, dem »Brennendem Busch«, der im Mai/Juni die Luft mit seinem Duft nach Vanille und Zitronen erfüllt.
Die Erdzeitenuhr in der Austraße des Neuwieder Stadtteils Segendorf zeigt auf anschauliche Weise, wie lang die Geschichte der Erde war und welch verschwindend kleinen Anteil

Das Mammut vor Schloss Monrepos bildet einen attraktiven Blickfang für das dortige Museum.

die Epoche der Menschheitsgeschichte daran hat: im Vergleich mit der Länge eines Tages weniger als eine Minute. Das im ehemals fürstlichen Sommerschloss **Monrepos** 11 bei Segendorf eingerichtete »Museum für die Archäologie des Eiszeitalters« dokumentiert mit Funden aus dem Neuwieder Becken die Entwicklung der Erde im Eiszeitalter und die Geschichte des Menschen in der Altsteinzeit von ca. 2,5 Mio. bis 7500 Jahren (www.museum-monrepos.de).
Ein Teil des Materials für den Bau des Schlosses Monrepos stammt von der Burg **Altwied** (12. Jh.) 12, einst Stammsitz der Grafschaft Wied. Die malerische Ruine steht auf einem von der Wied umflossenen Bergsporn. Die Urmitzer Werth, eine kleine Insel vor dem gleichnamigen Ort, ist einer der bei der Vogelwelt beliebten Rastplätze im Mittelrhein. In den durch Abbau von Bims und Kies geschaffenen Teichen oder im Sumpfgebiet Meerheck südlich **Heimbach-Weis** 13, wo der Heimbach im lockeren Bims versickert, können Zugvögel ausruhen. Am Oberlauf quert der Bach den Garten der ehemaligen romanischen Prämonstratenser-Abtei Rommersdorf.

GEFLECKTER ARONSTAB

Arum maculatum

Die Pflanze kommt im Naturpark recht häufig vor, besonders in Buchenwäldern auf nährstoffreichen braunen Basalt- und Schieferböden. Das Gewächs, Mitglied einer besonders in den tropischen Regenwäldern verbreiteten Familie, zeigt den Erfindungsreichtum der Natur in puncto Fortpflanzung: Mit seinem gelblichgrünen Helm sowie dem charakteristischen Harngeruch lockt der Aronstab winzige Insekten an. Sie gleiten an der von Öltröpfchen besetzten Innenseite des Helms in eine gemütliche, warme Falle (das stärkereiche Gewächs produziert viel Wärme, die Temperatur innerhalb der Blüte kann um bis zu 25 °C über der draußen liegen). Anderntags, wenn sich die gefangenen Insekten gründlich mit Blütenstaub eingepudert haben, werden sie wieder in die Freiheit entlassen.

23 Naturpark Nassau

Attraktive Kulturlandschaft mit abwechslungsreicher Natur

ANFAHRT
Auf der A 48 bzw. der A 3 und dann der A 48 nach Höhr-Grenzhausen; nächstgelegener ICE-Bahnhof: Montabaur

LAGE
Östlich des Mittelrheintals beiderseits der unteren Lahn im Montabaurer Westerwald und Taunus sowie zwischen Koblenz und Limburg

GRÖSSE
590 km²

HÖCHSTE ERHEBUNG
Montabaurer Höhe (546 m)

GRÜNDUNG
1963

INFORMATION
Zweckverband Naturpark Nassau, Bachgasse 4, 56377 Nassau

TELEFON
02604/43 68

INTERNET
www.naturparknassau.de

Der Naturpark gehört heute zu den beiden rheinland-pfälzischen Landkreisen Rhein-Lahn und Westerwald. Er reicht vom Canyon des Oberen Mittelrheintals über das Tal der unteren Lahn zu den von Engtälern zerschnittenen und von markanten Bergrücken überragten Hochflächen des Niederwesterwalds. Der Westerwald geht am Lahntal in den Taunus über und im Norden in die Montabaurer Höhe. Eine beachtliche Höhenspanne garantiert zusammen mit dem ständigen Wechsel der Gesteine eine bunt gemischte Fauna und Flora: auf den Hochflächen Buchenwälder mit Seidelbast und Schwarzspecht, an den Sonnhängen von Lahn- und Rheintal Eichenwälder und Trockenrasen mit Blutstorchschnabel und Zippammer, in den Bachtälern Schluchtwälder mit Hirschzunge und Eisvogel.

Über deine Höhen weht der Wind so kalt … Im äußersten Norden des Parks präsentiert sich der Westerwald noch am ehesten so, wie er in Sängerkreisen gern besungen wird. Dabei zeugen im Kannenbäckerland bei **Höhr-Grenzhausen** ❶ Tonlager von warmem Klima; aus ihnen gewinnt man hier seit Langem den Rohstoff für Töpferwaren. Das Keramikmuseum Westerwald (www.keramikmuseum.de) informiert über das seit gut 3000 Jahren in dieser Gegend belegte Handwerk.

Quarzit, das Gestein, das den Kamm der ➠ **Montabaurer Höhe** ❷ aufbaut, setzt der Verwitterung hartnäckigen Widerstand entgegen. Der durchweg bewaldete Bergrücken ist für den Naturpark mit 546 Metern das »Dach der Welt«; vom Aussichtsturm Köppel bietet sich ein herrlicher Blick über Westerwald, Taunus, Eifel und Hunsrück (vom Parkplatz am südlichen Ortsrand von Elgendorf auf dem mit grünem Pfeil markierten Weg über die historische Wildbanngrenze, 1 Std.).

Die Stadt, nach der die Höhe benannt ist, trägt den Namen **Montabaur** ❸ seit der Kreuzfahrerzeit – vom Mons Tabor im Heiligen Land. Unübersehbar ragt ihr Wahrzeichen, das zitronengelbe Schloss (16./17. Jh.) als Blickfang über der Stadt auf, die mit Pfarrkirche St. Peter eine der ältesten Kirchen des Westerwalds besitzt.

Perlen der Lahn Unter den Flüssen im Naturpark beherrscht der Rhein die Szene, aber die auch Lahn kann sich mit dem Goliath messen. Ihre

Das stattliche gelbe Schloss in Montabaur

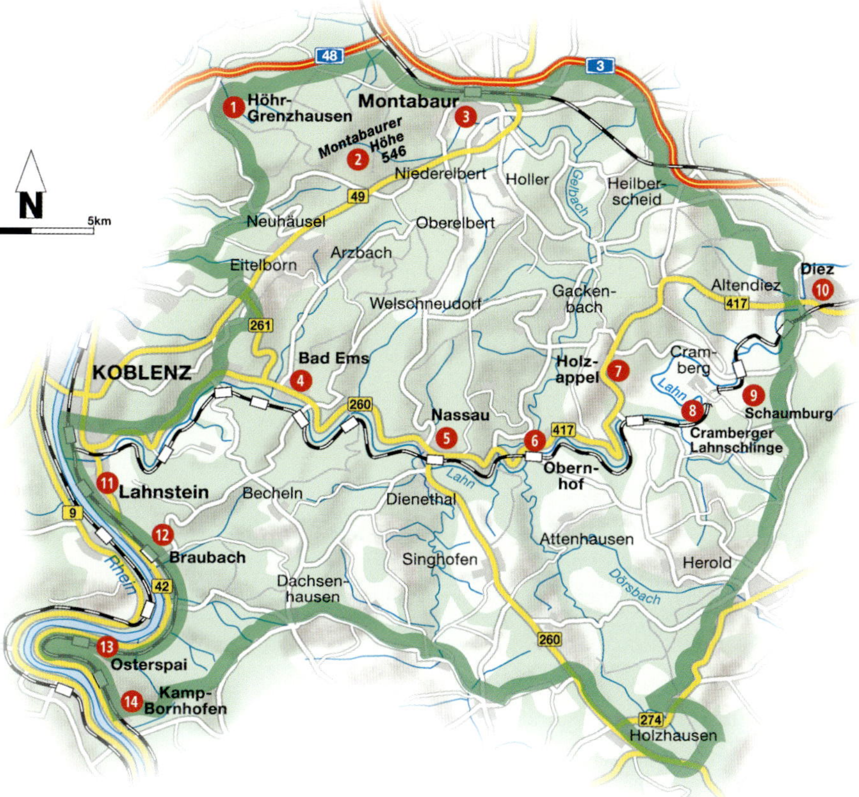

Aus der Vogelperspektive besonders beeindruckend: die herrliche Lahnschlinge bei Cramberg

Im Spiel von Licht und Schatten: die Flusslandschaft der Lahn bei Bergnassau

engen, vielfach gewundenen Täler gehören zu den schönsten deutschen Landschaften, z. B. das Lahntal. ➠ **Bad Ems** ❹, seit dem Mittelalter Heilbad, bot wahrscheinlich schon den im Limeskastell stationierten römischen Soldaten in den natürlichen Whirlpools der bis über 50 °C warmen Thermalquellen Erholung. Denkmäler aus der Römerzeit (Weltkulturerbe Limes) sind auf den Lahnhöhen häufig zu finden, aber auch Prachtstücke der Bäderarchitektur (19./20. Jh.) wie Kurhaus und -theater.

Das ehemalige Residenzstädtchen **Nassau** ❺ bietet u. a. den im neugotischen Stil errichteten Talhof der Herren vom Stein und die teilrekonstruierte Ruine der Burg Nassau mit mächtigem Hauptturm hoch über dem linken Ufer der Lahn.

Die Lahn, die sich wie kein anderer größerer, schiffbarer Fluss Deutschlands in engen Mäandern durch das Gebirge schlängelt, besitzt wenige Kilometer flussaufwärts an der Schleuse Hollerich ein Refugium mit einer der seltensten Schlangenarten Mitteleuropas: der Würfelnatter. Das ungiftige, nach den würfelförmigen Flecken auf dem Rücken benannte Reptil hält sich vorwiegend am und im Wasser auf, wie auch Eisvogel und Wasseramsel.

Mit den Rebgärten am Goetheberg bei **Obernhof** ❻ reicht ein Ausläufer des mittelrheinischen Weinbaugebiets weit lahnaufwärts. Hier stehen mit dem stattlichen Schloss Langenau die einzige Wasserburg im Lahntal sowie am Berghang gegenüber die viertürmige Kirche St. Maria und Nikolaus des Klosters Arnstein (10. Jh.).

In diesem Abschnitt des Lahntals und seiner Nebentäler stößt man häufig auf Halden, Hütten und Zechen des einstigen Erzbergbaus. Das im Rathaus von **Holzappel** ❼ eingerichtete Heimat- und Bergbaumuseum »Esterau« dokumentiert die Geschichte der Region und mit einem Lehrpfad auf dem Betriebsgelände der 1952 geschlossenen Grube Holzappel die Entwicklung der ehemals ertragreichen Förderung von Blei-, Silber- und Zinkerzen. Am nördlichen Ortsrand lädt der Herthasee, ebenfalls ein Überbleibsel des Erzbergbaus, zum Baden.

Der besondere Reiz tief eingekerbter Mäandertäler wie dem der unteren Lahn, besteht im ständigen Wechsel flacher Gleithänge, auf denen sich Siedlungen und Feldfluren ausbreiten, und schroffen, bewaldeten Prallhängen mit ihren Felsklippen. Einer der schönsten Talabschnitte ist die ➠ **Cramberger Lahnschlinge** ❽, über der an der Südseite am felsigen, zerklüfteten Prallhang der Gabelstein aufragt (von Cramberg auf der Landstraße Richtung Wasenbach bis zur scharfen Linkskurve, von dort auf dem Lahnhöhenweg, schwarzes »L«, hinauf). Dieser Fels aus

GESCHENKE DER URZEIT

Der Naturpark Nassau liegt im Rheinischen Schiefergebirge. Tonschiefer und andere feste Gesteinsarten aus dem Erdaltertum treten zwar vielerorts an den Talhängen zutage, unter den Hochflächen lagern jedoch oft mehrere Zehnermeter dicke, nicht oder nur leicht verfestigte Tonschichten. Sie bildeten sich hauptsächlich in der ersten Hälfte der Tertiärzeit, als in unseren Breiten noch ein feucht-warmes tropisches Klima herrschte, durch tiefgründige chemische Verwitterung. Unter den damals entstandenen Tonmineralen überwiegt Kaolinit – der begehrte Rohstoff bildet die Grundlage der seit Generationen im Kannenbäckerland betriebenen Keramikherstellung. Einen guten Überblick über das Thema bietet das Keramikmuseum Westerwald in Höhr-Grenzhausen 1 (Bild).

Schalstein, einem kalkhaltigen Tuff, ist mit Felsspaltengesellschaften und Staudenfluren bewachsen, während in den Schluchten am Hang in einem feucht-kühlen Klima üppige Eschen-Ahorn-Schluchtwälder gedeihen. Uhus und Wanderfalken kreisen über dem Tal. Weiter geht es zum Weiler **Schaumburg** 9 mit gleichnamigem Schloss (19. Jh.), einem der eindrucksvollsten Beispiele der Neugotik. **Diez** 10, an der Grenze des Naturparks gelegen, hat im Kern sein ursprüngliches Bild bewahrt: mit vielen Fachwerkhäusern (16./17. Jh.), frühgotischer Stiftskirche, dem imposanten Grafenschloss und dem prachtvollen Barockschloss Oranienstein, einem der vier Mutterhäuser des niederländischen Königshauses.

Zu den »Feindlichen Brüdern« Das legendäre Wirtshaus an der Lahn steht in der Lahnstraße 8 in ➡ **Lahnstein** 11. Vom Parkplatz am Allerheiligenberg wandert man auf dem markierten Lahnhöhenweg (rechts der Lahn) in die Ruppertsklamm. Die Flora am Wegesrand wird geprägt von Eichen-Elsbeeren-Wäldern an den Sonnhängen bis zu Bergahorn-Eschen-Wäldern in der tief eingekerbten Klamm, wo zwischen Moosen und Farnen die silbrigen Schötchen der Mondviole hervorglänzen. Die Kapelle am Allerheiligenberg bietet einen schönen Ausblick auf Nieder- und Oberlahnstein.

Auf dem Weg nach ➡ **Braubach** 12 verläuft die B 42 direkt unterhalb der Schieferfelsformationen des Koppelsteins, der mit seinen wertvollen Trockenrasen zu den bedeutendsten Naturschutzgebieten im Mittelrheintal zählt. Hier wachsen seltene Orchideen wie Bocksriemenzunge und Helmknabenkraut; auf den Felsen sonnt sich die Smaragdeidechse. Architektonischer Höhepunkt in weitem Umkreis ist die Marksburg bei Braubach, die einzige unzerstörte Höhenburg am Mittelrhein.

Tief im deutschen Binnenland wirken Sturm- und Lachmöwen, Nilgänse und Mandarinenten exotisch, am rechten Ufer des Rheins, im Naturschutzgebiet »Auf der Schottel« stromabwärts von **Osterspai** 13, kann man sie als Gäste beobachten, ebenso Bekassinen, Seeschwalben und Kormorane.

Nur knapp 200 Meter Luftlinie trennen die »Feindlichen Brüder«, die Burgruinen Sterrenberg und Liebenstein auf zwei Felsspornen oberhalb von **Kamp-Bornhofen** 14. Die Sage berichtet, dass sich hier dereinst zwei verfeindete Brüder von ihren benachbarten Burgen aus erbittert bekriegt haben sollen. In der Franziskanerkloster- und Wallfahrtskirche (13. Jh.) in Bornhofen steht ein Gnadenbild der Muttergottes, zu dem seit Jahrhunderten Wallfahrer in Scharen strömen.

Überraschender Fernblick am Lahnhöhenweg

24 Naturpark Hochtaunus

Wäldern, Felsen – der höchste Gebirgszug des Rheinischen Schiefergebirges

ANFAHRT
Auf der A 3 bis Anschlussstelle Limburg-Süd; nächstgelegene ICE-Bahnhöfe: Frankfurt/M., Limburg a.d. Lahn

LAGE
Im Rheinischen Schiefergebirge zwischen Lahntal im Norden, Wetterau im Osten, Rhein-Main-Tiefland im Süden und Naturpark Rhein-Taunus im Westen

GRÖSSE
1348 km²

HÖCHSTE ERHEBUNG
Großer Feldberg (880 m)

GRÜNDUNG
1962

INFORMATION
Zweckverband Naturpark Hochtaunus, Brandholz 1, 61267 Neu-Anspach

TELEFON
06081/44 21 30

INTERNET
www.naturpark-hochtaunus.de

Der Taunus oder »die Höhe« bietet von der Südseite einen imposanten Anblick: Zwischen der Rhein-Main-Tiefebene und dem Hauptkamm am Großen Feldberg klafft eine Höhenspanne von fast 800 Metern. Der eigentliche Hochtaunus nimmt vom gesamten Mittelgebirge nur etwa ein Achtel ein; noch kleiner ist der Anteil des Vortaunus, der im Süden eine Art Treppe von der Ebene zum Hauptkamm bildet und mit seinen ausgedehnten Obstgärten das angenehm warme Klima an der Südflanke der Höhe zeigt. Der dritte, von der Fläche her größte, der Hintertaunus, fällt mit welligen Hochflächen und einzelnen eingekerbten Tälern sanft zur Lahn hin ab – ein ideales Terrain für gemütliche Wanderungen.

Sonnenhänge und ein Schiffstunnel In den engen, gewundenen Tälern des Hintertaunus spielt die Ausrichtung der Talhänge für die Flora und Fauna eine entscheidende Rolle. So tragen die Sonnenhänge der Wehrley von **Runkel** 1 am rechten Ufer der Lahn Trockenrasen und Gebüsche, während flussabwärts die Schattenhänge der Runkeler Laach von dichten Wäldern bedeckt sind. Das reizvolle Fachwerkstädtchen liegt genau am Scheitel der Flussschleife, wo seit 1448 eine steinerne Bogenbrücke die Lahn quert und die wehrhafte Burg Runkel (12. Jh.) steht sowie am gegenüberliegenden Lahnufer die Burg Schadeck.

Der Schiffstunnel an der Lahn bei Weilburg

Für die Flussschifffahrt sind die engen Schleifen ein Mäandertal lästige Hindernisse. Um sie zu umgehen, ließ der Landesherr ab 1844 in ➡ **Weilburg** ❷ mit großem Aufwand den in Deutschland einzigartigen Schiffstunnel durch die Landzunge unter dem Weilburger Schloss graben. Hoch über dem Tunnel breitet sich auf dem von der Lahn umflossenen Felsrücken die einstige Residenz der Grafen von Nassau-Weilburg aus, die mit Renaissanceschloss, barocken Bürgerhäusern und Orangerie zu den schönsten Städten in Hessen gehört. Über ihre lange Tradition als Bergbauort informiert das Bergbau- und Stadtmuseum mit dem »Tiefen Stollen«.

Tiefer in den Untergrund geht es in **Kubach** ❸, wo die Kristallhöhle Kubach mit Kalkspatkristallen und Perltropfsteinen lockt. Die erst 1974 entdeckte Höhle besitzt die höchste Halle (30 m) aller deutschen Schauhöhlen (www.kubacherkristallhoehle.de). Über Tage tummeln sich u. a. Rothirsche, Wildschweine, Luchse und Fischotter im Tiergarten Weilburg-Hirschhausen. Der harmonisch in die Naturlandschaft eingefügte Garten wurde schon vor rund 400 Jahren angelegt.

Braunfels ❹, ehemals Residenz und heute Luftkurort, besitzt mit dem Wildpark »Tiergarten« auch einen kleinen Zoo, dazu den interessanten »Herrengarten« mit exotischem Baumbestand sowie das »Dr. Kanngießersche Waldmuseum« mit geologischen und botanischen Sammlungen. Über allem thront auf der Spitze eines Basaltfelsens Schloss Braunfels mit turmreicher Silhouette, ein hessisches Neuschwanstein.

Kastelle, Kelten, Klippen Aufrechtes Fingerkraut, Bittere Kreuzblume, Kleinblütiges Springkraut – diese seltenen Pflanzen wachsen rund um den Segelflugplatz Riedelbach. Noch seltener ist im Hintertaunus freilich die Heide mit Wacholder, Besenheide und Ginster, ein Biotop, das einst im Gebirge weit verbreitet war. In der **Riedelbacher Heide** ❺ blieb ein Stück der hauptsächlich durch Beweidung entstandenen Pflanzengemeinschaft erhalten. Heiden und die nahe verwandten Borstgrasrasen findet man in den Mittelgebirgen vor allem auf kieselsäure-, d. h. quarzreichem Gestein. Die **Eschbacher Klippen** ❻ (am Ortsausgang von Eschbach Richtung Michelbach) bestehen aus Gangquarz, der eine Spalte (6 km lang) im Untergrund ausgefüllt hat. Am Fuß der bis zwölf Meter hohen bizarren Felsen gibt es noch kleine Heideflächen. Quarz ist sehr hart (härter als Stahl) und wurde deshalb von der Verwitterung und Abtragung aus dem weicheren Nebengestein herauspräpariert.

Auf dem **Großen Feldberg** (880 m) ❼, dem höchsten von Taunus und gesamtem Rheinischen Schiefergebirge, ist das Quarz Hauptbestandteil des Quarzits. Der helle, kompakte Fels tritt in Blöcken und Klippen wie dem

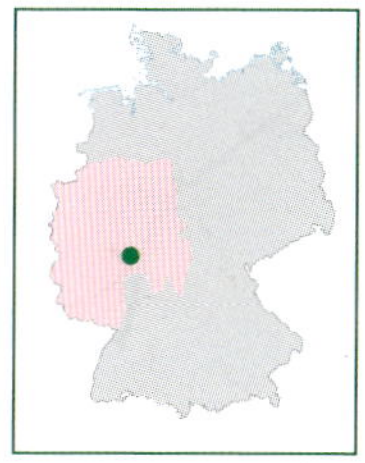

Das rekonstruierte Römerkastell der Saalburg am Limes

Brunhildisfelsen zutage. Diese Klippen bilden schönere Aussichtskanzeln als der klotzige Aussichtsturm und bieten einen traumhaften Blick. An der Nordflanke des großen Bruders des Kleinen Feldbergs (825 m) verläuft der Limes; dort steht auch ein Römerkastell, deren Kette sich nordostwärts auf dem Bergkamm fortsetzt und zum Saalburg-Pass mit der einzigartigen ➠ **Saalburg** (um 83) **8** führt (www.saalburg-museum.de). Das im Kastell untergebrachte Museum und der »Rundweg Saalburg« (2,4 km) informieren über ihre turbulente Geschichte.

Noch tiefer in die Waldeinsamkeit des Hochtaunus taucht man am ➠ **Altkönig** (798 m) **9**; der Aufstieg ist aus jeder Richtung nur per pedes zu bewältigen, am bequemsten von den Gasthäusern am »Fuchstanz« (30 Min.). Ein gewaltiger doppelter Ringwall (wahrscheinlich ab 450 v. Chr.) und urige Wälder aus u. a. Eichen, Buchen und Mehlbeeren, die in die bemoosten Blockhalden aus Quarzit vordringen, locken den Wanderer.

Hessen vom Feinsten Der Hochtaunus ist kaum besiedelt, der Vortaunus wird dagegen dicht von Städten gesäumt. Auf dem **Burghain Falkenstein** **10**, einem Bergsporn aus Grünschiefer, lassen mildes Klima und ein nährstoffreicher Boden unter dem Kronendach eines dichten Laubmischwalds eine üppige Kräuterflora mit Lerchensporn, Schuppenwurz und Christophskraut gedeihen. Auf dem höchsten Punkt steht die Burgruine, und gleich gegenüber krönt die ehemals bedeutendste und größte Wehrburg des Taunus als Wahrzeichen von Königstein einen bewaldeten Bergrücken.

Die zahllosen Orts- und Flurnamen, die auf »-stein« enden, verraten, dass die ältesten,

Im Vortaunus lockt das noble Kronberg mit seiner Burg.

wohl rund 450 Mio. Jahre alten Gesteine des Taunus hier an vielen Stellen als Felsklippen zutage treten wie bei **Eppstein** ⓫ am Fuß des Staufen mit seinem Kaisertempel. Inmitten bunter Fachwerkhäuser stehen der wuchtige Schieferturm der spätgotischen Talkirche und die Burg der Herren von Eppstein.

Die Herren von ➠ **Kronberg** ⓬ hinterließen ihre gewaltige Burg und die Johanniskirche mit zahlreichen kunstvollen Grabdenkmälern. Am nördlichen Rand der noblen Stadt im Vortaunus steht Schloss Friedrichshof, Alterssitz Viktorias von Preußen (1840–1901), der Kaiserin Friedrich – heute Nobelhotel und noch immer eine einzigartige Mixtur der verschiedensten Baustile. Der weitläufige Viktoriapark wurde im Stil eines englischen Landschaftsparks angelegt. Fast nahtlos gehen die Gärten um das Schloss in die Waldwiesentäler am Fuß des Hühnerbergs mit ausgedehnten Pfeifengraswiesen und kleinen Erlenwäldchen über. Botanische Besonderheiten der Umgebung von Kronberg sind die Esskastanienbäume (»Kesten«).

Außer dem milden Klima ziehen auch die Heilbäder im Vorland der »Höhe« Gäste an, vor allem ➠ **Bad Homburg vor der Höhe** ⓭ mit Schloss, siamesischem Tempel, etlichen Brunnen mit heilkräftigem Mineralwasser und standesgemäßem Kurpark, der zu den schönsten und größten seiner Art in Deutschland zählt.

Auch im Herbst lohnt sich ein Besuch im Hochtaunus, wenn die Wälder in sanften Erdfarben leuchten.

TAUNUSQUARZIT

Quarz ist nicht nur eines der häufigsten, sondern auch eines der härtesten Minerale. Es kommt als lockerer Sand, mehr oder weniger verfestigter Sandstein und harter Quarzit vor. Die Übergänge sind fließend wie beim Taunusquarzit, der sich als eine bis ca. 1200 m dicke Schichtenfolge durch das gesamte Rheinische Schiefergebirge und darüber hinaus zieht. Die Quarzkörner, aus denen er besteht, wurden zu Beginn der Devonzeit (vor ca. 354–417 Mio. Jahren) in den Flachwasserbereichen eines vorzeitlichen Meers abgelagert. Da der Taunusquarzit im Unterschied zu den Tonschieferschichten, in die er eingelagert ist, der Verwitterung und Abtragung großen Widerstand entgegensetzt, wurde er aus dem weicheren Gestein herausmodelliert und bildet heute markante Bergkämme und Felsklippen, die auch viele Kletterer anziehen (Bild).

25 Naturpark Rhein-Taunus

Von Wasser, Wein und Wald geprägte Landschaften

ANFAHRT
Auf der A 3 bis Idstein, dann auf B 275 und B 54 über Taunusstein zur Burgruine Hohenstein; mit der Bahn nach Idstein; nächstgelegener ICE-Bahnhof: Frankfurt

LAGE
Zwischen Rhein im Süden und Westen, Hintertaunus im Norden und Naturpark Hochtaunus im Osten

GRÖSSE
810 km²

HÖCHSTE ERHEBUNG
Kalte Herberge (619 m)

GRÜNDUNG
1968

INFORMATION
Naturpark Rhein-Taunus, Veitenmühleg 5, 65510 Idstein

TELEFON
06126/43 79

INTERNET
www.naturpark-rhein-taunus.de

Die Südgrenze des Naturparks verläuft auf der durch den Rhein geschaffenen, mit fruchtbarem Löss bedeckten Terrassentreppe. Näher an den Rhein und ins kleine Weinanbaugebiet Mittelrhein reicht der Park unterhalb von Rüdesheim am rechten Ufer des Stroms. Der größte Teil des Parks gehört zum Taunus, der Südwesten zum fast durchweg bewaldeten westlichen Hochtaunus (Rheingaugebirge). Er reicht vom Niederwald über dem Rheintal bis zum Wiesbadener Hochtaunus. Hinter der »Höhe« erstrecken sich über die Parkgrenzen bis zur Lahn die Hochflächen des Hintertaunus, ein geschlossenes Buchenland. Nur in der Idsteiner Senke bestimmen Ackerlandschaften das Bild, besonders im fruchtbaren Goldenen Grund.

Alte Festungen und sprudelnde Quellen Der Taunus ist ein altes Grenzgebirge; der Obergermanisch-Rätische Limes, der den Naturpark quert und zum Welterbe der UNESCO gehört, ist mit seinen Befestigungsanlagen der bedeutendste. Burgen und Burgruinen sind ebenso zahlreich, z. B. von Nollig bis zu Wallrabenstein im Wörsbachtal. Hoch über das Aartal reckt sich die wuchtige Burgruine **Hohenstein** (11./12. Jh.) ❶ auf einem steilen Felsen. Im Sommer bildet der Innenhof eine stilvolle Kulisse für Burgfestspiele.
Per pedes in die Römerzeit (Wanderparkplatz an der Hühnerstraße/B 417 nordöstlich von Orlen): Der archäologische Rundwanderweg führt zu einem rekonstruierten Wachturm am Limes, zu Rundschanzen und Überresten des **Kohortenkastells Zugmantel** (ca. 223) ❷, Stützpunkt einer

Der Torbogen der Mapper Schanze gehörte zur Verteidigungsanlage des Rheingauer Gebücks.

teilberittenen Kohorte der Treverer mit Bad, Tempel, Amphitheater und Lagerdorf.

Idstein ❸ liegt unterhalb eines Felsrückens mit einer mittelalterlichen Burg und einem Renaissance-Schloss (17. Jh.). Das reich mit Schnitzwerk und Schmuckerkern verzierte Killingerhaus (1615) ist unter den zahlreichen Fachwerkhäusern und Adelshöfen der prachtvollste Blickfang, und auch die gotische Unionskirche lohnt einen Blick. Am Rand der Idsteiner Senke befinden sich die Quellen des »Selterswassers«.

Kohlensäurehaltiges Wasser sprudelt an vielen Stellen im Taunus. Am Brodelbrunnen von **Bad Schwalbach** ❹ wurde schon vor 500 Jahren gekurt; heute hat sich das Städtchen zu einem der Luxusbäder Europas entwickelt und zeigt Perlen nobler Bäderarchitektur wie das im Stil der italienischen Spätrenaissance errichtete Kurhaus. Im sehenswerten Fachwerk ist das Rotenburger Schlösschen von 1602 erbaut.

Weinbau in »Rheinkultur« Wie es heißt, wurde dem stark eisenhaltigen Schwalbacher Wasser früher vor dem Versand Wein zugesetzt, um die Haltbarkeit zu verlängern … Von Lorchhausen kann man auf dem Rheingauer Rieslingpfad durch die Weinberge am ➡ **Engweger Kopf** ❺ streifen. Die Schieferhöhe eröffnet einen atemberaubenden Ausblick aufs Mittelrheintal; im gleichnamigen Naturschutzgebiet mit Eichengebüsch, Trockenrasen, Weinbergsbrachen und Felsfluren gibt es so rare Pflanzen- und Tierarten wie Pechnelke und Mauer-Felsenblümchen, Schlingnatter, Steppengrashüpfer, »Spanischer Flagge« (ein Falter) und eine große Vielzahl verschiedener Spinnen.

Im wildromantischen ➡ **Wispertal** ❻ gibt es neben kühlen, schattigen Buchen-, Traubeneichen-Hainbuchen-, Bacherlen- und Schluchtwäldern auch offene Felsen und Blockhalden. Auch beherbergt das Tal zahlreiche seltene Tierarten wie Wasseramsel und

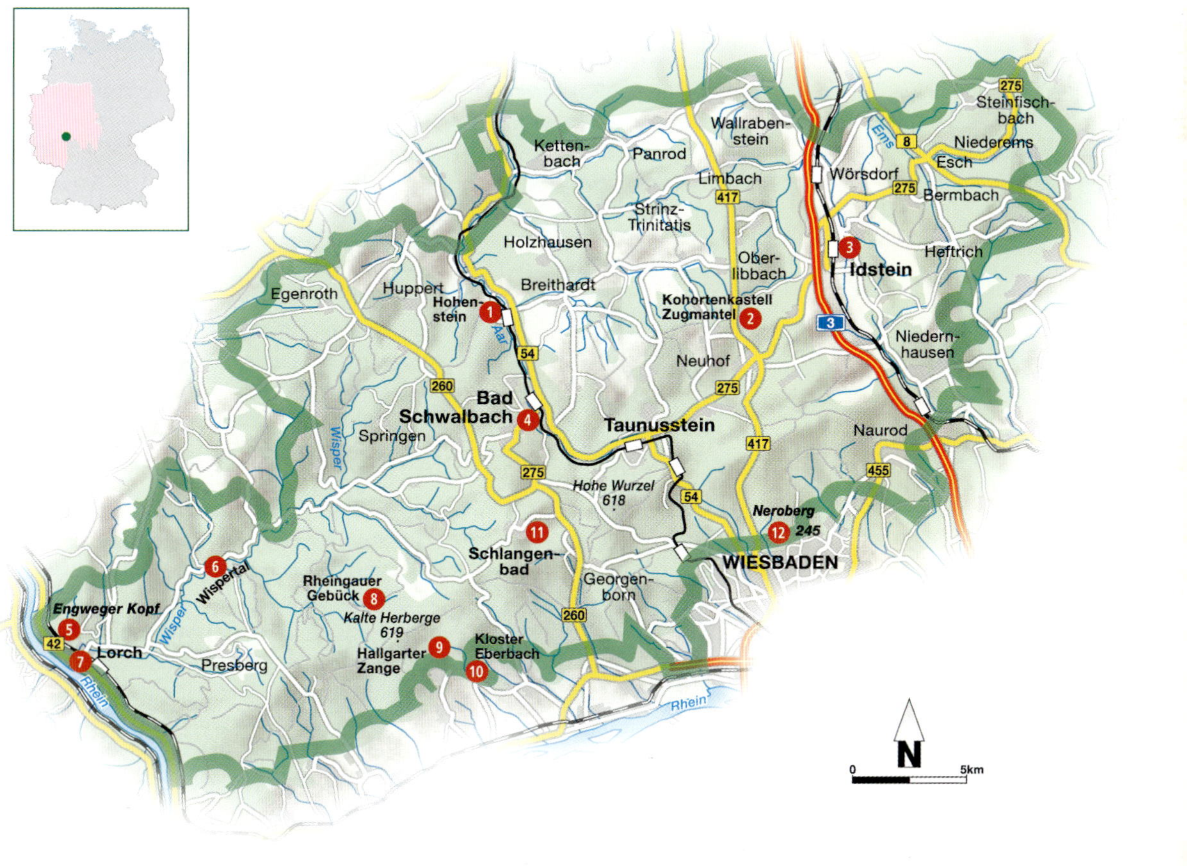

Nicht nur der Rhein prägt das Bild des Naturparks, auch Burgruinen wie die der Burg Hohenstein.

Blick von Assmannshausen auf die Weinhänge

Wildkatze, als Besonderheit auch Fledermäuse und im klaren Wasser der Wisper und ihrer Nebenbäche eine artenreiche Gewässerfauna mit Forellen und Lachsen. Beinahe das gesamte kurvenreiche Kerbtal kann man auf der Wisperstraße »erfahren« oder auf Dutzenden von Wegen, etwa rund um den aufgestauten Wispersee, erwandern. Anspruchsvollere Wanderwege zu den alten Mühlen und Burgen im Wispertal starten in **Lorch** 7. In Hessens westlichster Weinstadt mündet die Wisper in den Rhein, direkt unterhalb der pittoresken Burgruine Nollig. Den frühe Wohlstand (siehe Hilchenhaus, Zehnthof) verdankt Lorch nicht dem Weinanbau, sondern seiner Lage nahe der von den Schiffern gefürchteten Rheinenge des Binger Lochs. Hier musste die Fracht größerer Schiffe auf kleinere oder auf Wagen umgeladen werden – für die Stadt ein lukratives Geschäft.

Bollwerk aus Sträuchern und hessisches Taj Mahal Das ➠ **Rheingauer Gebück** 8, eine Verteidigungsanlage (fast 40 km Länge), die die Rheingauer rund 500 Jahre lang vor ihren Feinden schützte, bestand aus einer dicht verwachsenen Hain- und Rotbuchenhecke, deren Stämme und Triebe umgebogen (»gebückt«) und miteinander verflochten wurden und die durch mächtige Torbollwerke verstärkt war. Eines dieser Bollwerke samt neu angepflanztem Gebück ist an der Mapper Schanze erhalten (vom Parkplatz »Kreistanne« nahe der Hallgarter Zange über Rheinhöhen- und Gebückwanderweg). Von der **Hallgarter Zange** 9, einem felsigen Ausläufer der Kalten Herberge, des höchsten Bergs im Rheingau, schweift der Blick weit über Rheingau und Rhein hinweg bis nach Rheinhessen.

Vom Parkplatz am ➡ **Kloster Eberbach** 10 starten aussichtsreiche Wanderwege. Die Klosterschänke bietet u.a. mit den Gutsweinen Wohltaten für den Leib. Die Seele genießt die von einer Mauer umschlossene Anlage des ehemaligen Zisterzienserklosters, eines der großartigsten Beispiele der deutschen Romanik, Hessens bedeutendstes architektonisches Gesamtkunstwerk und zugleich Idealtypus einer zisterziensischen Klosteranlage des Mittelalters.

Hinter den bewaldeten Bergrücken zwischen Eber- und Kiedricher Bach liegt das Naturschutzgebiet Weihersberg, in dem die Äskulapnatter lebt. Die von braun über oliv bis grauschwarz gefärbte *Elaphe longissima* kann eine Länge von bis zu zwei Metern erreichen, ist jedoch völlig ungiftig. Im Rheingautaunus ist auch das alte Heilkunstsymbol der Äskulapnatter noch häufig zu sehen, vor allem in der Umgebung von **Schlangenbad** 11, dem idyllischen Thermalbad am »Warmen Bach«. Der »Äskulappfad« im hinteren Kurpark informiert über das vom Aussterben bedrohte Reptil.

Die neun warmen Quellen in Schlangenbad weisen Temperaturen bis gut 30 °C auf. Wiesbaden, das Aquae Mattiacorum der Römer und heute hessische Landeshauptstadt, besitzt mehr als 25 Thermen mit bis zu 66 °C, wie den »Kochbrunnen«. Wasser wird hier auch für die Antriebskraft für die Nerobergbahn genutzt, die seit über 100 Jahren ihre Passagiere abgasfrei und umweltschonend auf den ➡ **Neroberg** 12, Wiesbadens Hausberg an der Grenze des Naturparks, befördert. Oben erwartet einen neben der grandiosen Aussicht als architektonischer Leckerbissen die Russische Kirche mit fünf vergoldeten Kuppeln, das »nassauische Taj Mahal« (19. Jh.) in russisch-byzantinischem Stil.

Im Kloster Eberbach gibt es eine historische Weinpresse zu sehen.

TAUNUS WUNDERLAND

Zum beliebten »Abenteuerspielspaßpark« folgt man von Schlangenbad 11 den Schildern an der B 260. Die großzügig bemessene Anlage mit mehr als 30 Attraktionen für Klein (und Groß) bietet jede Menge Vergnügen: Drachen-Achterbahn, Westerneisenbahn, Geisterhöhle, Spukhaus, Rutschenparadies und Wildwasserbahn. Gemächlicher geht es im Wunderland-Zoo zu, wo sich Esel, Schafe und Ziegen gern füttern und streicheln lassen, oder im Märchenwald und beim Froschkonzert. Für die Kleinsten (unter 100 cm Körpergröße) ist der Besuch übrigens kostenlos (www.tauniswunderland.de).

26 Naturpark Hoher Vogelsberg

Von glühender Lava und klirrendem Frost geformte grüne Gebirgslandschaft

ANFAHRT
Auf der A 5 Gießen–Bad Hersfeld bis Anschlussstelle Homberg (Ohm), weiter nach Mücke und auf der B 276 nach Laubach; nächstgelegener ICE-Bahnhof: Fulda

LAGE
In der Mitte Hessens, nordöstlich von Frankfurt/M. und westlich von Fulda, auf der Wasserscheide zwischen den Flusssystemen von Rhein und Weser

GRÖSSE
883 km^2

HÖCHSTE ERHEBUNG
Taufstein (773 m)

GRÜNDUNG
1958

INFORMATION
Zweckverband Naturpark Hoher Vogelsberg, Karl-Weber-Str. 2, 63679 Schotten

TELEFON
06044/26 31

INFOHAUS
Auf dem Hoherodskopf

INTERNET
www.natpa.de

Der Vogelsberg ist ein recht junges Vulkangebirge, das größte und geschlossenste Mitteleuropas. Unter dem Oberwald im Kern lagert ein dicker Schichtenstapel aus Basalt, Basanit, Tuff und anderen vulkanischen Gesteinen. Vor 15 bis 19 Millionen Jahren war die Region am nördlichen Ende des Oberrheingrabens ein Hexenkessel: Lavaströme wälzten sich durch eine flache Niederung mit Flüssen und Seen, Ascheregen gingen nieder, bei heftigen Eruptionen wurden Wälder auf weiten Flächen durch Glutlawinen und Druckwellen vernichtet. Unter dem subtropischen Klima des jüngeren Tertiärs verwitterte das Gestein, Sturzfluten ebneten die Vulkane ein, im Eiszeitalter nagte der Frost an den letzten Klippen. So präsentiert sich der Hohe Vogelsberg heute überwiegend als ein Gebirge mit sanften Rundungen, bewaldeten Hochflächen und breiten Wiesengründen.

Prächtige Residenzen, winzige Gotteshäuser Durch den Hohen Vogelsberg verläuft die Hauptwasserscheide Deutschlands zwischen Rhein und Weser. Historische Grenzen zergliederten das Gebirge in eine Vielzahl kleinerer Territorien. Zu den schönsten Orten im Vorderen Vogelsberg gehört das Städtchen ➠ **Laubach** ❶. Im trutzigen Schloss der Grafen zu Solms-Laubach beeindruckt die riesige Bibliothek, und Naturfreunde begeistert die pflanzliche Artenvielfalt im Schlosspark.
Die Gotteshäuser der Dorfbewohner sind klein, aber fein: winzige Fachwerkbauten mit geschiefertem Dachreiter, meist von Holzschindeln ver-

Der hessische Naturpark lockt mit urtümlichen Landschaften wie hier am Hasselbach bei Ilbeshausen.

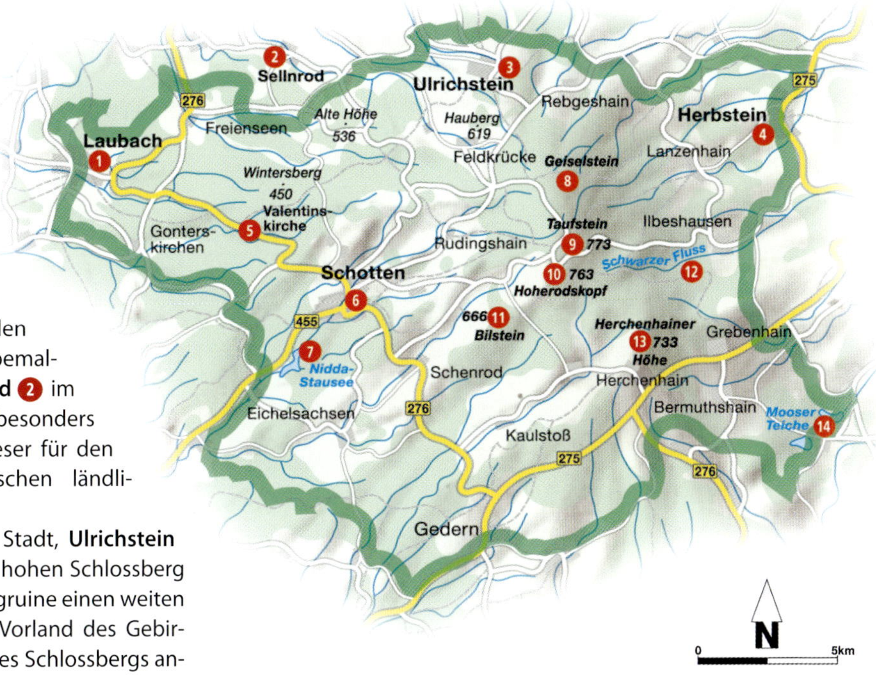

kleideten Seitenwänden und einer prachtvollen Schaufassade mit bunt bemalten Schnitzereien. **Sellnrod** ❷ im Tal der Sausel besitzt ein besonders sehenswertes Beispiel dieser für den Vogelsberg charakteristischen ländlichen Kirchenbaukunst.

Hessens höchstgelegene Stadt, **Ulrichstein** ❸, bietet vom 614 Meter hohen Schlossberg und dem Eckturm der Burgruine einen weiten Blick über das westliche Vorland des Gebirges. Der an den Hängen des Schlossbergs angelegte Vogelsberggarten informiert über die Pflanzenwelt einer in Jahrhunderten gestalteten Kulturlandschaft: Äcker mit Ackerunkräutern, Viehweiden, alte Obstbaumsorten, typische Hecken, Gärten u. v. m. Mehr Infos über Land- und Forstwirtschaft, Jagd und ländliche Kultur erhält man im Museum im Vorwerk an der Hauptstraße.

Katholischer Vorposten und ein verlassenes Dorf Ulrichstein ist ein Startpunkt am Rundwanderweg »Vulkanring Vogelsberg« (125 km lang, 6 Tagesetappen), der die landschaftlichen und kulturellen Höhepunkte rund um den Naturpark verbindet. Immer trifft man auf Spuren der Erd- und Territorialgeschichte, wie in **Herbstein** ❹. Die »Stadt auf dem Berge« besitzt Hessens höchste, von Salzlagern im tiefen Untergrund gespeiste, gut 32 °C warme Heilquelle. Das Fastnachtsmuseum erzählt über die Herbsteiner »Foaselt«, und die katholische Stadtpfarrkirche St. Jacobus d. Ä. birgt sich eine reiche Ausstattung. Die mittelalterliche Stadtbefestigung umschließt noch einen Teil der malerischen Altstadt.

Das Dorf Ruthardshausen wurde im 16. Jahrhundert von seinen Bewohnern verlassen. Die spätgotische Ruine der **Valentinskirche** ❺ im Laubacher Wald, dem einsamsten Teil des Gebirges (oberhalb der B 276 Laubach–Schotten), blieb als Einzige erhalten.

Auf eine über 1200-jährige Geschichte blickt ➡ **Schotten** ❻ zurück, ein von schottischen Missionaren gegründeter Wallfahrts- und

Das efeuumrankte Laubacher Schloss

heute Luftkurort. Das Rathaus (1530), einer der prächtigsten Fachwerkbauten im Vogelsbergraum, und die nach dem Vorbild der Elisabethkirche in Marburg ab 1300 errichtete Liebfrauenkirche (14. Jh.) sind die bedeutendsten architektonischen Denkmäler. Die durch Schotten fließende Nidda ist wenige Kilometer unterhalb der Stadt zum **Nidda-Stausee** 7 aufgestaut, der in den Sommermonaten als Wassersportparadies beliebt ist.

Die Altstadt von Schotten glänzt mit der reich verzierten gotischen Liebfrauenkirche.

Attraktive Hochfläche Auf dem im Tertiär durch fließendes Wasser und im Eiszeitalter durch Frost eingeebneten Oberwald-Plateau sind die meisten Sehenswürdigkeiten auf bequemen Spaziergängen zu erreichen, wie der **Geiselstein** 8. Der von seltenen Moosen, Farnen und Flechten bewachsene Fels enthält viel Magneteisenerz und lenkt deshalb die Kompassnadel deutlich ab. Im Norden des Geiselsteins erstreckt sich die Goldwiese, die im Sommer die Blüten der Arnika goldgelb färbt. Nach einem Waldstück mit urigen Altholzbeständen beginnt südwärts die Breungeshainer Heide, das einzige Hochmoor im Vogelsberg.

Vom Bismarckturm auf dem ➠ **Taufstein** (773 m) 9, der höchsten Erhebung im Oberwald, hat man einen wunderbaren Fernblick. Am Fuß des Turms befindet sich der Bonifatiusborn, an der der Missionar die ersten Christen im Vogelsberg getauft haben soll. Wegen der urwaldartigen Blockhaldenwälder, die den Gipfel säumen, steht der Taufstein unter Naturschutz.

Über den Naturschutz in der Region informiert das Touristik- und Naturschutz-Informations-Zentrum auf dem **Hoherodskopf** 10, dem zweithöchsten Vogelsberger Gipfel und meistbesuchten Touristenziel im Oberwald. An den Hängen der von einem markanten Sendeturm gekrönten Kuppe verläuft eine Sommerrodelbahn.

Geheimnisvoller Vogelsberg Der beste Aussichtspunkt des Vogelsbergs ist klar der

Die reizvolle Teichlandschaft in der Nähe von Ober-Moos

➠ **Bilstein** ⓫, eine zerklüftete Basaltklippe am höchsten Punkt der Straße Breungeshain–Sichenhausen, um das sich viele Sagen ranken: Bei guter Sicht blickt man über die fruchtbare Wetterau bis zum Taunus und nach Frankfurt. Geheimnisumwittert ist auch der **Schwarze Fluss** ⓬, der am Ostrand des Oberwalds durch ein idyllisches, von bizarren Felsformationen gesäumtes Waldtal strömt und in Ilbeshausen-Hochwaldhausen die Wasserräder der schönen Teufelsmühle antreibt.

Himmlisch dagegen wirkt die frühsommerliche Blütenpracht auf der **Herchenhainer Höhe** ⓭ mit ihren Goldhaferwiesen, der farbenprächtigsten und artenreichsten Pflanzengemeinschaften in Deutschlands höheren Mittelgebirgen. Neben Gräsern wie Goldhafer, Wolligem Honig- oder Wiesenrispengras bestimmen im Frühsommer krautige Arten mit ihrem Blütenflor das Bild: rosafarbener Schlangenknöterich, blaue Bergflockenblume, gelbe Trollblume, weiße Margerite. Zahlreiche bunte Schmetterlinge flattern über den Wiesen. Im Hohen Vogelsberg sind die sonst durch Überdüngung und Übernutzung stark gefährdeten blütenreichen Goldhaferwiesen z. B. noch rund um Herchenhain, dem höchstgelegenen Dorf (657 m) des Vogelsbergs, zu bewundern.

Das Gebirge besitzt keinen natürlichen See, wohl aber zahlreiche Teiche. Rund um Ober-Moos liegen 15 kleine und große Wasserflächen verstreut. Die ➠ **Mooser Teiche** ⓮ bilden die »Vogelsberger Seenplatte«. Sie wurden seit dem Mittelalter vom Menschen vor allem zur Fischzucht angelegt und waren eine wichtige Einnahmequelle für Bevölkerung und Landesherren. Heute haben die Teiche noch eine große ökologische Bedeutung: als »Trittsteine« auf dem Vogelzug für u. a. Enten, Austernfischer und Säbelschnäbler sowie als Brutgebiete für Schwarzhals- und Zwergtaucher, Eisvogel und über 100 weitere Vogelarten.

STROM AUS WINDKRAFT

Der tief im Binnenland gelegene Vogelsberg gilt als Starkwindgebiet, das sich bestens zur Nutzung der Windkraft eignet. An über 150 Orten drehen sich die Rotoren der Windkraftanlagen, die die Energie der Luftströmungen in elektrische Energie umwandeln, z. B. am Parkplatz »Ulrichsteiner Kreuz«, an der Einmündung der L 3073 in die Ringstraße Hoher Vogelsberg. Messinstrumente am Fuß der grauen Giganten informieren über Windgeschwindigkeit, momentane Leistung und die im Lauf der Betriebszeit geleistete Arbeit. Obwohl sie dazu beitragen, den Ausstoß von Kohlendioxid zu vermindern, sind die Windräder als Gefahr für die Vogelwelt im Vogelsberg heftig umstritten.

27 Naturpark Spessart

Mit dem Specht durch Wald und Tal

ANFAHRT
Auf der A 7 bis Bad Brückenau oder auf der A 66 bis Steinau an der Straße und weiter bis Burgsinn; nächstgelegene ICE-Bahnhöfe: Fulda, Frankfurt/M., Aschaffenburg, Würzburg

LAGE
Nordwestlich von Würzburg, im nördlichen Bayern

GRÖSSE
1710 km²

HÖCHSTE ERHEBUNG
Geiersberg (585 m)

GRÜNDUNG
1963

INFORMATION
Naturpark Spessart e. V., Frankfurter Str. 4, 97737 Gemünden am Main

TELEFON
09353/60 34 46

INFOHAUS
In Gemünden am Main

INTERNET
www.naturpark-spessart.de

Das teils tief eingegrabene Tal des Mains umschließt das Naturparkgebiet im Osten, Süden und Westen. Weitläufige Laubwälder mit alten Buchen und Eichen sind das Markenzeichen des Spessarts, wenn auch Abholzungen für die Glas- und Soleindustrie im Norden des Waldgebiets durch Fichtenaufforstungen dominiert werden. Im Naturschutzgebiet Rohrberg wird die Waldidylle von eindrucksvollen Flusstälern durchbrochen mit geschäftigen Städtchen wie Lohr oder Klingenberg.

Blühende Wiesen und dunkle Stollen Im Frühjahr blühen die Schachblumen auf den Wiesen beim Markt ➡ **Burgsinn** ❶, und bei Obersinn beginnt der ausgeschilderte »Erlebnispfad Schachblumenwiesen«. Die violett blühenden Liliengewächse kommen sonst in Deutschland nur noch im norddeutschen Flachland vor. Weitläufige, regelmäßig überschwemmte Wässerwiesen bieten im breiten Tal der Sinn diesen Pflanzen einen optimalen Lebensraum. Zwischen April und Mai kann man auf dem über 500 Hektar Sinngrund Millionen von Blüten bewundern. In Burgsinn locken Fronhofer Schlösschen, Neues Schloss (beide 17. Jh.) und die Wasserburg mit Bergfried (10. Jh.).

In Sommerkahl bei **Schöllkrippen** ❷ kann man die »Grube Wilhelmine« (16. Jh.) besichtigen. Auf einem Rundweg, 23 Meter unter der Erde, wird die wechselhafte Geschichte der Grube erläutert. Eindrucksvoll sind auch die Verfärbungen an den Bruchwänden des Steinbruchs oberhalb der Grubeneingänge, wo Sekundärmineralien in allen Blau- und Grüntönen schimmern (www.bergwerk-im-spessart.de). Im Sommer erfrischt in Schöllkrippen das Naturerlebnisbad mit Schwimmteich und Wassergrotte.

Nach dem Luftkurort **Heigenbrücken** ❸ wurde eine geologische Folge im Buntsandstein benannt. Vom Parkplatz am Ortsrand geht es zum Wildgehege mit einheimischem Schwarz-, Dam- und Rotwild. Ein Wasserlehrpfad informiert entlang dem Bach u. a. über Wasserwirtschaft, -nutzung und die Welt der Tiere im Wasser. Freunde des Spessartwalds folgen dem beschilderten Waldlehrpfad. Eine besondere Art der Wiesenbewirtschaftung ist im Tal südöstlich von Heigenbrücken noch gut erhalten bzw.

Burgsinn lockt mit einer Wasserburg.

rekonstruiert worden: die gewölbten Flächen der Rückenwiesen (ab Mitte 19. Jh.). Durch Gräben auf dem Scheitelpunkt wurde Bachwasser geleitet; so konnte man bis zu sieben Schnitte pro Jahr einfahren.

Eines der wenigen, weitgehend intakten Spessarttäler, das ➠ **Hafenlohrtal** ④, erkundet man am besten auf einer Wanderung von Lichtenau bei Weibersbrunn aus. Die Kombination von Wald, Wiese und Bach formt hier einen Lebensraum, der so mancher bedrohten Tier- und Pflanzenart eine Heimat bietet: z. B. ca. 400 Farn- und Blütenpflanzen, darunter Gelbe Schwertlilie und Fieberklee. Vor allem einige seltene Vogelarten sind mitunter zu sehen, z. B. Eisvogel, Bekassine, Waldschnepfe und Pirol.

Mespelbrunn – vom Weiherhaus zum Wasserschloss ➠ Zum Wasserschloss **Mespelbrunn** ⑤ führt ein schöner Weg vom Ort durch ein kleines Nebental der Elsava, mit großen Alleebäumen und allerlei Wasserflächen. 1419 noch ein unbefestigtes Weiherhaus, steht man heute vor einem prächtigen Wasserschloss mit lauschigem Innenhof und reich ausgestatteten Räumen (www.schloss-mespelbrunn.de).

Beim Wanderparkplatz **Rohrberg** ⑥ bei Rohrbrunn sind gleich drei Naturschutzgebiete ausgewiesen: Rohrberg, das Naturwaldreservat Eichhall sowie das Naturschutzgebiet Metzgergraben und Krone. In allen drei Gebieten greift die Waldwirtschaft seit Langem nicht mehr ein – abgestorbene Bäume verwittern, stürzen um und werden durch Pilze, Insekten und Mikroorganismen zersetzt. Damit bietet das Totholz eine Grundlage für junge Bäume.

Von den einst zahlreichen Eisenhämmern im Spessart ist nur noch der **Eisenhammer Has-**

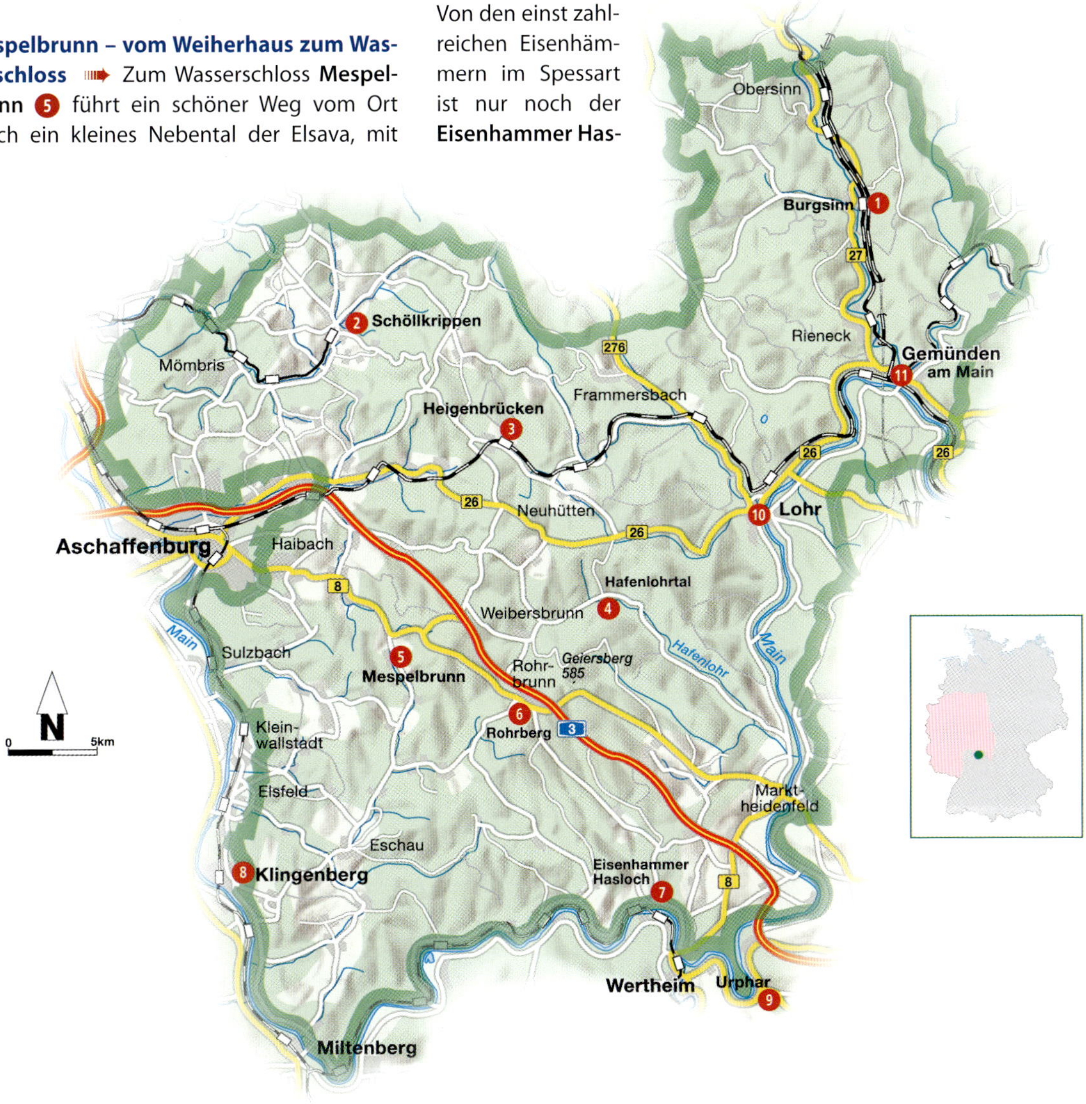

Waldidyllen und Flusstäler wie das Hafenlohrtal prägen den Naturpark Spessart.

loch (1779) 7 übrig. Bei einer Vorführung erlebt man die beiden Hämmer in Aktion (www.eisenhammerhasloch.de).
Ihren Namen verdankt die Stadt ➠ **Klingenberg** 8 einer »Klinge«, einer wildromantischen Schlucht, die der Klingenbach in den steilen Talhang des Mains gegraben hat. Den Weg in die Klinge säumen bizarre Felsformationen, über Brücken geht es am Bach entlang und hinauf zur Ruine Clingenburg. Ein bekannt guter Spätburgunder und einer der feinsten Tone der Welt haben Klingenberg be-

Inneneinrichtung des prächtigen Wasserschlosses Mespelbrunn

Das Fachwerkambiente in der Altstadt von Lohr

kannt gemacht. Über Weinan- und Tonabbau erfährt man im örtlichen Weinbau- und Heimatmuseum mehr (www.klingenberg-main.de).

Wer von Urphar nach Kreuzwertheim fährt, hat die Mainschleife bei **Urphar** 9 schon umrundet. Vor Wertheim geht es nach rechts Richtung Kreuzwertheim über die Brücke und gleich danach wieder rechts in eine kleine Straße (nach ca. 1,5 km Wanderparkplatz). Ein mit »H« markierter Wanderweg führt die Mainschleife entlang und auf den »Himmelreich« genannten Bergsporn mit wunderbarem Blick auf den Main und seine Schleife. In Höhe der Ortschaft Bettingen, auf der anderen Mainseite gelegen, verlässt man den Weg und hält sich links Richtung Kreuzwertheim zum Ausgangspunkt zurück (gesamt 3 Std.).

Mensch und Wald – lebendige Vergangenheit Die sehenswerte Altstadt von ➡ **Lohr** 10 erkundet man am besten vom großen Parkplatz Altstadt-Ost am Mainufer aus. Der Bayersturm (13./14. Jh.), Hauptturm der Stadtbefestigung, bietet einen schönen Blick über Lohr und Umgebung. Am Schlossplatz steht das Kurmainzer Schloss mit dem Spessartmuseum, das mit Sammlungen zum Thema »Mensch und Wald« die Vergangenheit lebendig werden lässt.

Im Naturpark Spessart-Infozentrum in **Gemünden am Main** 11 im ehemaligen Huttenschloss informiert über den Naturpark Spessart. Die Ausstellung im Untergeschoss zeigt die Natur- und Lebensräume des Gebiets mit seinen Tierarten, wie dem Biber, der sich u. a. im Sinntal wieder angesiedelt hat.

HEIGENBRÜCKENER FORMATION

Ein Rundweg der »Europäischen Kulturlandschaft Spessart« beginnt in Heigenbrücken 3. Der nach dem Ort benannte geologische Abschnitt im Buntsandstein ist oberhalb des Bahnhofs an einem Aufschluss zu sehen. Die Bezeichnung geht auf eine wissenschaftliche Arbeit aus dem 19. Jh. zurück, in der die Formation erstmals als die Heigenbrückener erwähnt ist. Der ca. 6 km lange Rundweg streift noch mehr historische Marksteine der Region. Sechs informative Tafeln erläutern u. a. die Themen Glasherstellung und Tunnelbau. Im Heigenbrückener Rathaus ist zu diesem Rundweg ein dreisprachiger Führer erhältlich.

28 Naturpark Hessischer Spessart

Waldeinsamkeit, liebliche Bachtäler und eine »teuflische« Tropfsteinhöhle

ANFAHRT
Auf der A 66 bis Schlüchtern-Nord oder -Süd; nächstgelegene ICE-Bahnhöfe: Fulda, Frankfurt/M.

LAGE
Im Norden begrenzt vom Kinzigtal und der Bahnlinie zwischen Schlüchtern und Hanau, im Osten, Süden und Westen von der hessisch-bayerischen Landesgrenze

GRÖSSE
730 km^2

HÖCHSTE ERHEBUNG
Hermannskoppe (567 m)

GRÜNDUNG
1964

INFORMATION
Zweckverband Naturpark Hessischer Spessart, Georg-Hartmann-Str. 5–7, 63637 Jossgrund-Burgjoß

TELEFON
06059/90 67 83

INFOHAUS
In Bad Orb/Wegscheide

INTERNET
www.naturpark-hessischer-spessart.de

Die Teufelshöhle ist mit ihren langsam wachsenden Tropfsteinen eine Seltenheit.

Der Park liegt im nördlichen Buntsandstein-Spessart, einem der größten zusammenhängenden Waldgebiete Deutschlands mit verhältnismäßig rauem Klima. Da kaum landwirtschaftliche Nutzung stattfindet, wurden die ursprünglichen Laubwälder wieder aufgeforstet; so gibt es heute auch Rotbuchenbestände und die Spessart-typischen Eichenwälder. Neben Heidekraut, Waldmeister und Besenginster zählt die Heidelbeere zur charakteristischen Vegetation. Fingerhut und Schachblume wachsen in den Auwiesen. In den Wäldern leben heimischem Wild sogar wieder Wildkatze und Biber sowie das scheue Schwarzwild. Häufig sieht und hört man den Specht, das Wappentier des Naturparks.

Englischer Park im Spessart Bis ins 8. Jahrhundert reichen die Wurzeln des Luftkurorts **Schlüchtern** (1) nordöstlich des Kinzigstausees. Um diese Zeit gründeten Benediktiner hier ein Kloster. Die karolingische Krypta gilt als einer der ältesten erhaltenen Sakralbauten Deutschlands. Der Waldpark Acisbrunnen mit der Acisquelle ist ein weitläufiges Erholungsgebiet und bietet neben Wildgehege und Kneippbecken auch einen Naturerlebnispfad und Rundwanderwege. Das Bergwin-

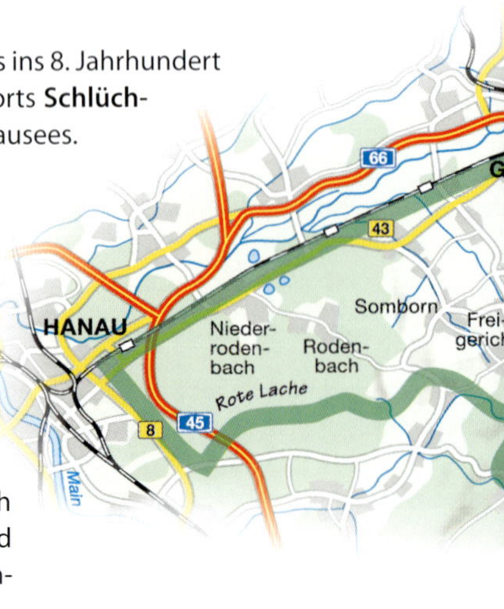

kelmuseum im Lauterschen Schlösschen zeigt Interessantes zur Stadtgeschichte sowie eine Ausstellung zu den Märchen-Brüdern Grimm (www.schluechtern.de).
Abgelegen liegt in einem kleinen Tal Schloss Ramholz (von Schlüchtern über Vollmerz erreichbar) mit seinem reizvollen ➡ **Landschaftspark Ramholz** ❷, einem englischen Landschaftsgarten. Prächtige Solitärbäume, Alleen, Obstwiesen und Weiher verleihen dem Park seinen eigenen Charakter.

Von Teufeln und Märchengestalten Hoch über dem Tal der Schmalen Sinn thront die Burgruine **Schwarzenfels** (13. Jh.) ❸, deren Bergfried heute als Aussichtsturm dient.
Als 1584 eine Kuh wie vom Erdboden verschluckt in der ➡ **Teufelshöhle** ❹ verschwand, hielt man dies für ein Werk des Bösen: So kam die etwa 2,5 Mio. Jahre alte Höhle zu ihrem Namen. Im Unterschied zu anderen Höhlen erstreckt sich diese Grotte nicht im Weißen Jura, sondern im unteren Muschelkalk; hier wachsen Tropfsteine wesentlich langsamer! Zu den Attraktionen zählen u. a. der 16 Meter hohe »Dom« und die »Kapelle« mit schleierförmigen Tropfsteinen (Infos unter www.steinau.eu).
Viel ist in ➡ **Steinau an der Straße** ❺ den berühmtesten Söhnen, den Brüdern Grimm, geprägt. Am Marktplatz steht ein moderner Märchenbrunnen, und in der ehemaligen Burg informiert eine Ausstellung über Leben und Werk der »Märchenbrüder«. Einen Besuch lohnt auch das alte Amtshaus (1562), in dem die Brüder Grimm wohnten. Neben der Gedenkstätte gibt es hier u. a. ein Heimatmuseum.
Von der **Bellinger Warte** ❻, einem mittelalterlichen Wehrturm, bietet sich eine der besten Aussichten über den nördlichen Spessart, ins Tal der Kinzig und zum Vogelsberg (von Steinau aus nach ca. 2 km rechts der Straße parken, von dort ca. 15 Min. Fußweg).

Herrliche Täler mit seltener Flora und Fauna Eine Vielzahl Feuchtigkeit liebender Pflanzen und Tiere lässt sich bei einer Wande-

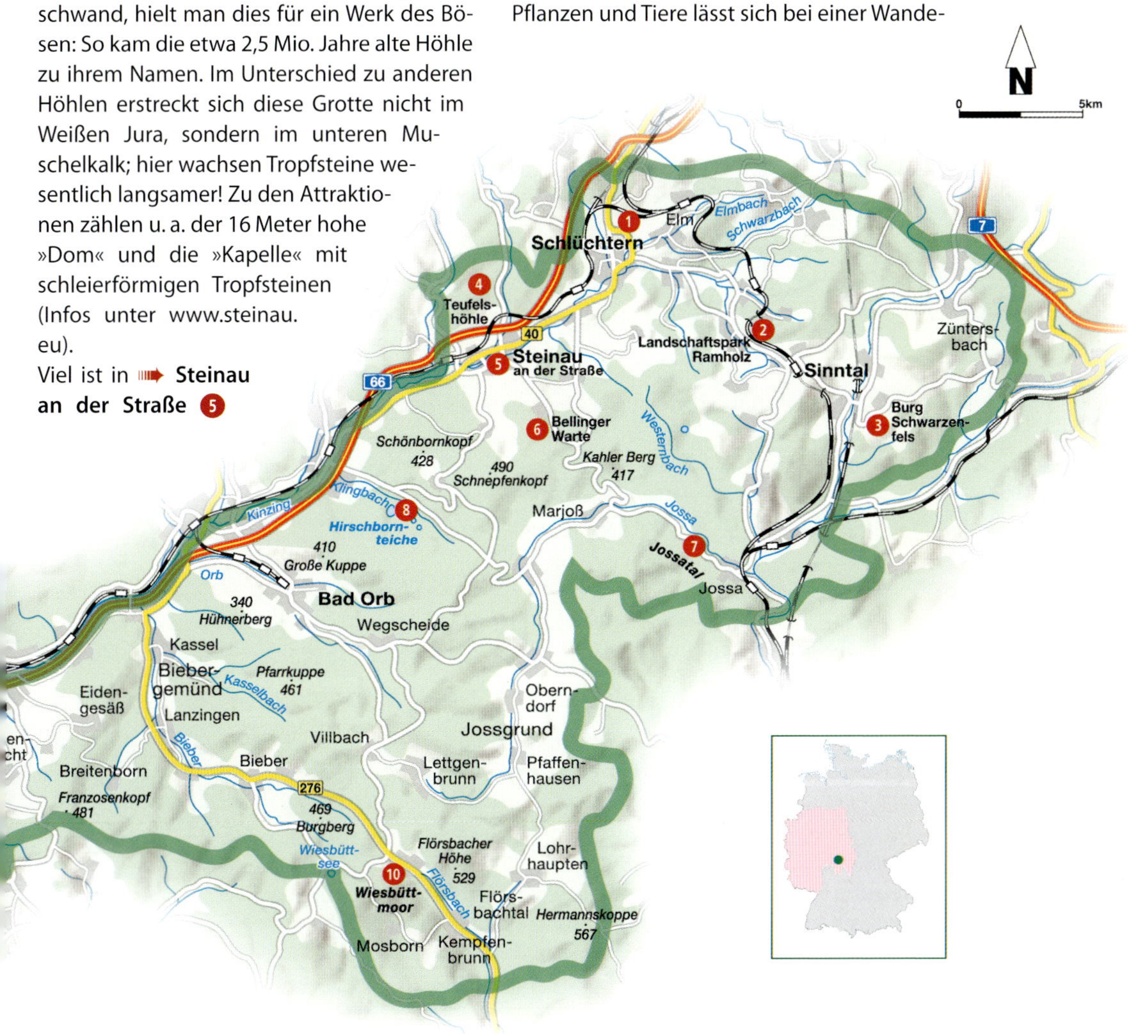

Majestätisch thront die Burgruine Schwarzenfels über dem Tal der Schmalen Sinn.

rung durchs herrliche ➠ **Jossatal** ❼ entdecken. Hier leben verschiedene Krötenarten und Molche sowie Raritäten der Vogelwelt wie Bekassine und Wachtelkönig. Mittels eines ausgeklügelten Bewässerungssystems konnte man die Wässerwiesen (hoch gewölbt, mit Mulden am Scheitelpunkt) früher bis zu siebenmal im Jahr mähen. Durchs Tal führt ein Wanderweg (rotes Kreuz), der u. a. vom Parkplatz Müsbrücke ausgeschildert ist. Bei Bad Soden mündet der Klingbach in die Kinzig. In seinem idyllischen Tal liegen die

IM »ZAUBERWALD« DER BURG BRANDENSTEIN

In der Nähe von Schlüchtern ❶ steht seit dem 13. Jh. eine Burg. Viele An-, Um- und Neubauten haben die heutige Form entstehen lassen. Nur staubige Geschichte? Nein, diese Burg lebt! Unter dem Motto »Von der Wäscheklammer bis zum Pflug« kann man im Holzgerätemuseum mehr als 800 hölzerne Gerätschaften und Gegenstände aus alten Zeiten besichtigen. Der Burgvogt bietet neben allgemeinen Führungen auch spezielle Veranstaltungen für Kinder an, etwa das Hüten der Ziegenherde oder das Basteln im »Zauberwald«, das Keltern von Apfelsaft, das Suppekochen (Bild) oder das Backen im Lehmofen. Man sollte unbedingt auch die Burg einmal umrunden, denn schon beim Aufstieg vom nahen Parkplatz bietet sich ein herrlicher Blick über die bewaldeten Spessarthügel (www.burg-brandenstein.de).

Die Kaiserpfalz des Stauferkaisers Friedrich I. Barbarossa in Gelnhausen

Hirschbornteiche (8). Ein Rundweg führt durch dieses Naturschutzgebiet (vom Parkplatz »Mühlwiese« an der Straße Salmünster–Mernes, Infotafel; 1 Std.).

Von der Kaiserpfalz zum Quellmoor Seine Entstehung (Ende 12. Jh.) verdankt ➡ **Gelnhausen** (9) dem Stauferkaiser Friedrich I. Barbarossa, der auf einer Insel in der Kinzig eine Pfalz errichten ließ. Die Reste dieser Anlage kann man besichtigen (täglich geöffnet, kleines Museum). Auch ein Besuch der Altstadt, mit prächtigen Fachwerkbauten oder dem Denkmal für J. P. Reis, dem Erfinder des Telefons, lohnt sich. Auf dem Weg hinunter Richtung Kinzig steht das Geburtshaus J. J. Chr. von Grimmelshausens (1622), dessen »Simplicissimus« vom grausamen Alltag des Dreißigjährigen Kriegs berichtet.
Eine Seltenheit im Spessart, dessen sandige Böden sonst das Wasser schnell versickern lassen, ist das **Wiesbüttmoor** (10) (seit 1953 unter Naturschutz), ein Quell- oder Hangmoor. Vom Parkplatz oberhalb des Wiesbüttsees erreicht man am Moor entlang einen Beobachtungssteg mit gutem Blick auf die Moorvegetation. Rundblättriger Sonnentau, Sumpfveilchen, Siebenstern und Weiße Waldhyazinthe gibt es zu entdecken.

Mit etwas Glück kann man bei einer Wanderung durchs reizvolle Jossatal seltene Vögel beobachten.

29 Naturpark Hessische Rhön

»Buchonia« – im Land von Buchen und Buckeln

ANFAHRT
Auf A 7 oder A 66 bis Fulda und weiter auf B 27 und B 84 zum Stallberg; aus Nordosten auf der A 4 bis Bad Hersfeld und weiter südwärts auf der B 27 nach Hauneck-Sieglos und über Eiterfeld zum Stallberg; nächstgelegener ICE-Bahnhof: Fulda, von dort mit der Regionalbahn nach Gersfeld

LAGE
Östlich von Fulda an der Grenze zu Bayern und Thüringen; ein großer Teil des Parks gehört seit 1991 zum länderübergreifenden Biosphärenreservat Rhön.

GRÖSSE
700 km^2

HÖCHSTE ERHEBUNG
Wasserkuppe (950 m)

GRÜNDUNG
1963

INFORMATION
Naturpark Hessische Rhön, Wörthstr. 15, 36037 Fulda

TELEFON
0661/600 63 86

INFOZENTRUM
In Gersfeld

INTERNET
www.landkreis-fulda.de

Wie der Vogelsberg, mit dem sie durch den Hessischen Landrücken verbunden ist, erlebte die Rhön im Tertiär viele vulkanische Eruptionen. Basalt, Phonolith oder Trachyt nehmen jedoch in der Rhön nur einen kleinen Anteil der Erdoberfläche ein (Ausnahme Lange Rhön). Das Lavagestein tritt vor allem in den Buntsandstein- und Muschelkalkschichten inselartig zutage und formt die hohen Bergkegel der Kuppenrhön. Hier gibt es die gegensätzlichsten Lebensräume und Pflanzengemeinschaften, von bodensauren Buchenwäldern über Kalkmagerrasen bis hin zu der Felsvegetation der Basaltklippen und Blockhalden. Seltene Tierarten wie Wachtelkönig, Alpenspitzmaus oder Birkhuhn fühlen sich hier wohl.

Kuppen, Steine und historische Zeugnisse Je weiter man vom Kern der Hohen Rhön nach Norden kommt, desto weiter rücken die Kuppen auseinander und erheben sich über ausgedehnte, flachwellige Hochflächen – so der bewaldete → **Stallberg** (553 m) ❶ nördlich der B 84 Hünfeld–Vacha. Die Vulkanruine enthält im Inneren noch einen Pfropfen aus hartem Basaltfels. Am Gipfel tritt das dunkle Lavagestein in zerklüfteten Klippen an die Oberfläche, die Hänge sind mit Blöcken aus frostverwittertem

Fast schon Volkssport im Naturpark Hessische Rhön: Paragliding am höchsten Berg, der Wasserkuppe

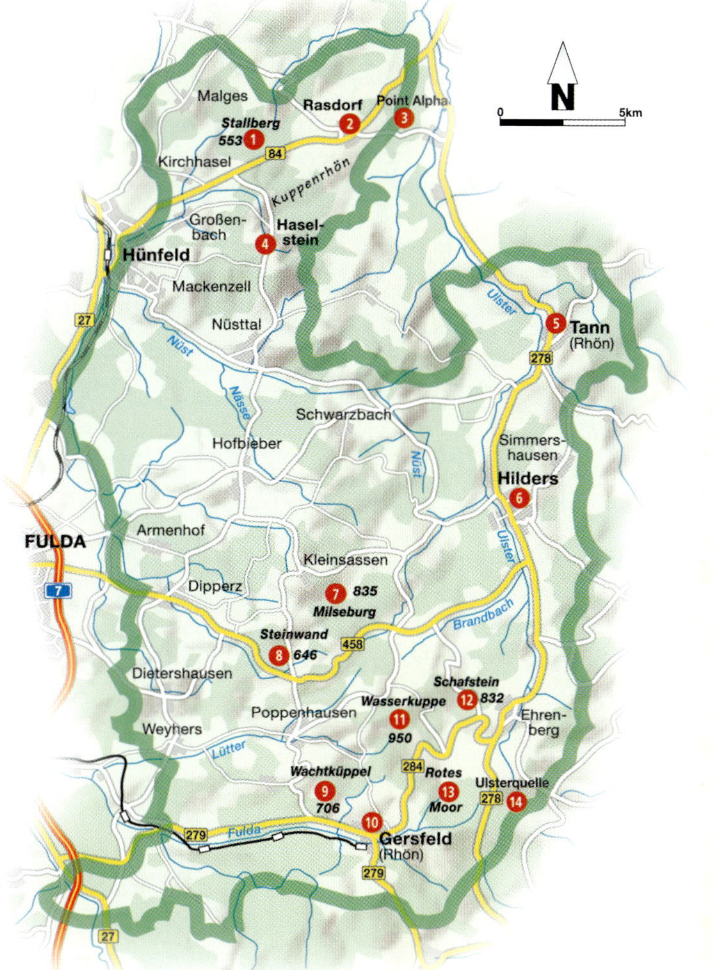

Basalt bedeckt. Hier gesellen sich zu den naturnahen Rotbuchen u. a. Ulmen, Linden und Elsbeeren, und eine reiche Flora mit Seidelbast, Bärlauch und Aronstab gedeiht unter ihnen. In der Eisenzeit wurde auf dem Gipfel ein Ringwall als Fluchtburg angelegt.

Die B 84 folgt in der nördlichen Kuppenrhön der uralten Heer- und Handelsstraße »Antsanvia« von Mainz nach Eisenach. Eine solche Straße brachte Wohlstand, aber auch Gefahren, wie der in Hessen einzigartige Wehrfriedhof von **Rasdorf** ❷ zeigt. Seine hohen Mauern und Wehrtürme boten den Einwohnern in kriegerischen Zeiten Schutz. Das heute friedliche Dorf besitzt in der Stiftskirche eine der bedeutendsten Dorfkirchen der Rhön.

Die B 84 führt weiter ostwärts zur hessisch-thüringischen Grenze und zum von der US-Armee an der damaligen Zonengrenze errichteten Beobachtungsstützpunkt **Point Alpha** ❸. Während des Kalten Kriegs war die nach der Wende zu einer Gedenkstätte umgestaltete Anlage mit Beobachtungsturm einer der heißesten Orte im Machtkampf zwischen NATO und Warschauer Pakt. Das Museumsareal umfasst neben dem ehemaligen Stützpunkt und dem »Haus auf der Grenze«, das als Infozentrum dient, ein Freigelände, in dem man die Grenzanlagen des Eisernen Vorhangs, aber auch die Natur entlang des Grünen Bands der einstigen innerdeutschen Grenze kennenlernen kann.

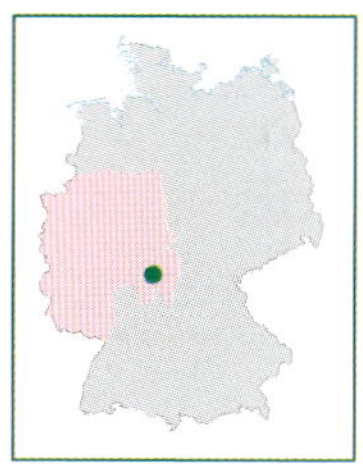

Das Dörfchen **Haselstein** ❹ schmiegt sich an den gleichnamigen Felsen, einen Vulkanschlot aus dem »Klingstein« Phonolith, der durch Abtragung der weicheren Keuperschichten herausmodelliert wurde. Auf dem markanten Felsen (bereits Ende 8. Jh. als »Hasalahastein« erwähnt) stehen Reste einer Burg, die man vom Wanderparkplatz an der südwestlichen Flanke erreicht, vorbei an rosarot Sprossender Felsennelke oder weißer Astlosen Graslilie, die zur charakteristischen Flora der Phonolithfelsen in der Rhön zählen.

Verträumte Städtchen, markante Felsen

Im sehenswerten Rhöner Museumsdorf in **Tann** 5 stehen drei Anwesen, die aus verschiedenen Orten umgesiedelt wurden. Im Rhöner Naturmuseum kann man z. B. den längst ausgerotteten Braunbären in einem Diorama bewundern oder die für das Gebirge charakteristische Feld- und Weidelandschaft oder einen Ausschnitt von »Buchonia«: den herbstlichen Buchenwald.

Die Marktgemeinde **Hilders** 6 erstreckt sich mit ihrer stattlichen Barockkirche zu Füßen des Buchschirmbergs. Knorrige alte Hutebuchen, Zeugen der früher betriebenen Waldweidewirtschaft, sind am Battenstein zu sehen, gleich neben der Wallfahrtskapelle St. Maria, wo ein Kreuzweg zum Gipfel der Basaltfelsengruppe hinaufführt. Die Kapelle mit dem »Armenseelenhäuschen« ist vom Ortszentrum aus über die Tour »Der Hilderser« zu erreichen.

Auf der Wasserkuppe zeugen Basaltaufschlüsse vom vulkanischen Ursprung der Rhön.

Ein archäologischer Wanderpfad erschließt die ➠ **Milseburg** 7, den höchsten Berg (835 m) der hessischen Kuppenrhön und mit den kantigen, sargdeckelförmigen Umrissen eine der sonderbarsten Berggestalten ganz Deutschlands. Kein anderer Berg der Rhön bietet auf engstem Raum so viel Sehenswertes wie das Phonolithmassiv: Reste eines keltischen Oppidums, großflächige Blockhalden, eine überaus reiche Flora mit allein mehr als 200 Moosarten und Kostbarkeiten wie Türkenbundlilie und Pfingstnelke und auf dem kahlen Gipfel die Gangolfskapelle mit atemberaubendem Ausblick.

Ebenfalls aus grauem Phonolith bestehen die bis zu 28 Meter hohen Felsen der **Steinwand** 8, die am Hochrhön-Ring beim gleichnamigen Gasthaus über die Baumwipfel ragen. Das frostige Klima des Eiszeitalters hat Klippen herauspräpariert und natürliche Kletterwände geschaffen.

Der Weiler **Wachtküppel** 9, ein Gersfelder Ortsteil, hat seinen Namen von der Basaltkuppe, die das flache Gelände überragt und einen hervorragenden Ausblick bietet, z. B. auf Hessens höchsten. Hier, am Westrand, ist das breite, behäbige Massiv der Wasserkuppe in einzelne Berge wie den Pferdskopf und den Eubeberg gegliedert, die zwischen sich den Guckaikessel mit dem Guckaisee einschließen.

Gersfeld 10 gehört zu den ältesten und sehenswertesten Orten in der Hohen Rhön. Das

Städtchen am Oberlauf der Fulda besitzt drei schmucke, in einen 1740 angelegten Park eingebettete Schlösser, ein altes Fachwerk-Rathaus und die 1785 vollendete Pfarrkirche, eine der bedeutendsten protestantischen Barockkirchen Hessens.

Auf kürzestem Weg in die Eiszeit Gut 1100 Liter Wasser gehen im Jahresdurchschnitt auf der ➠ **Wasserkuppe** (11) als Regen und Schnee auf jeden Quadratmeter Erdboden nieder – sie macht ihrem Namen also alle Ehre. Das Wasser speist die Quellen von rund 30 Bächen und Flüssen, darunter der Fulda, die direkt unterhalb des Hochrhön-Rings an der Grenze zwischen wasserstauenden Basaltdecken und Tuffschichten entspringt. An mehr als 250 Tagen im Jahr verhüllen Wolken und Nebelschwaden den breit aufgewölbten Gipfel mit seinen sanft abfallenden Grashängen, die ihn zum »Berg der Flieger«, zur Wiege des Segelflugsports machen. Bei intensiver Sonneneinstrahlung erwärmen sich die Grashänge sehr stark und erzeugen die Thermik, die die Segelflieger benötigen. Das wohl größte Segelflugmuseum der Welt informiert hier oben über den Sport und das »Groenhoff-Haus« über die Natur- und Kulturgeschichte der gesamten Rhön.

Der ➠ **Schafstein** (832 m) (12), ein östlicher Ausläufer des Wasserkuppenmassivs oberhalb von Wüstensachsen, führt den Wanderer auf kürzestem Weg in die Eiszeit. Am Nordhang erstreckt sich ein wahres Meer der unter frostigen Klima entstandenen Blockhalden. Vielleicht hat ein Blockgletscher den frostverwitterten Fels vor über 10 000 Jahren talwärts verfrachtet; eine ungewöhnlich kalte Ecke ist das größte Blockmeer der Rhön jedenfalls bis heute geblieben.

Auf den höchsten Höhen des Gebirges ist es im Durchschnitt 5 °C kühler als im benachbarten Tiefland, und kühle Temperaturen vereint mit hohen Niederschlägen sind beste Bedingungen für die Entstehung von Mooren. Das ➠ **Rote Moor** (13), das man auf einem Bohlenpfad (1,3 km) erkunden kann, ist das ausgedehnteste und ursprünglichste Hochmoor im hessischen Anteil der Rhön. Von den größten Karpatenbirkenwäldern Mitteleuropas und von Feuchtwiesen und Sümpfen umgeben, wird die Moorlandschaft renaturiert, um den Lebensraum von Wachtelkönig, Bekassine und Birkhuhn zu erhalten. Jenseits des Ottiliensteins, der die Geländemulde mit dem Roten Moor im Osten begrenzt, liegt nahe der bayerischen Grenze (südlich von Wüstensachsen) ein ausgeprägter Quellkessel mit der **Ulsterquelle** (14). In dem nach Norden geöffneten kühl-feuchten Quellgebiet, dem Kesselrain, wächst eine Vielzahl unterschiedlicher Waldgesellschaften, und auch seltene Tier- und Pflanzenarten wie Alpen- und Wasserspitzmaus, Schwarzer Apollo oder Alpen-Milchlattich und Breitblättrige Glockenblume leben und gedeihen hier.

Tiefdunkle Tümpel prägen das Antlitz des Roten Moors nordöstlich von Gersfeld.

RHÖNDISTEL

Carlina acaulis

Die Pflanze ist das botanische Wahrzeichen der Rhön, das vor allem auf Muschelkalk- und Basaltböden häufiger vorkommt. Bekannt ist die an Trockenheit angepasste, mit einer bis 1 m langen Pfahlwurzel ausgestattete Pflanze auch als Silberdistel oder Große Eberwurz. Ätherische Öle, die dem Gewächs den aromatischen Duft verleihen, wirken antibakteriell und machten den Korbblütler mit den silbrig glänzenden Hüllblättern zu einer früher beliebten Heilpflanze, etwa bei der Behandlung von Schweinekrankheiten. Die Rhöndistel gilt auch als botanischer Wetterprophet: Bei hoher Luftfeuchtigkeit und bevorstehendem Regen krümmen sich die Hüllblätter der »Wetterdistel« ein; um diesen Reflex auszulösen, muss man sie nur 5- bis 10-mal anhauchen.

30 Biosphärenreservat Rhön

Drei Bundesländer – ein Biosphärenreservat

ANFAHRT
Auf der A 4 Bad Hersfeld–Eisenach bis Ausfahrt Friedewald; nächster ICE-Bahnhof: Bad Hersfeld

LAGE
Im nördlichen Bayern, östlichen Hessen und südwestlichen Thüringen zwischen Werra, Fränkischer Saale, Fulda und Bad Brückenau. Die Naturparks Hessische Rhön und Bayerische Rhön gehören größtenteils zum Biosphärenreservat.

GRÖSSE
1849 km²

HÖCHSTE ERHEBUNG
Wasserkuppe (950 m)

GRÜNDUNG
1991

INFORMATION
Bayerische Verwaltungsstelle, Oberwaldbehrunger Str. 4, 97656 Oberelsbach, Tel. 09774/910 20; Hessische Verwaltungsstelle, Groenhoff-Haus/Wasserkuppe, 36129 Gersfeld, Tel. 06654/961 20; Thüringische Verwaltungsstelle, Propstei Zella, Goethestr. 1, 36452 Zella/Rhön, Tel. 036964/86 83 30

INFOHAUS
Groenhoff-Haus/Wasserkuppe

INTERNET
www.biosphaerenreservat-rhoen.de

Drei Bundesländer berührt das Reservat und auch die drei großen Naturräume der Rhön: flachwellige Hochflächen, breite Täler und Senken des Rhönvorlands, das abwechslungsreiche Bergland der Kuppenrhön und die herben Hochplateaus der Hohen Rhön. Jeder dieser Naturräume hat seine eigene Erd- und Landschaftsgeschichte, seine charakteristischen Gesteine und Böden sowie sein spezielles Klima. Die unterschiedlichen Standorte spiegeln sich in einer Vielfalt der Flora wider: Moore mit botanischen Relikten aus dem Eiszeitalter und Steppenheiden mit südlicher Flora, schattige, feuchte Schluchtwälder und sonnige Felsen. Hier öffnen sich zahlreiche ökologische Nischen für die verschiedensten Tierarten: Im gesamten Biosphärenreservat kommen ca. 20 000 vor, darunter seltenste wie Birkhuhn oder Sumpfspitzmaus.

Kegelspiel in XXL »Hessisches Kegelspiel« wird der nördlichste Ausläufer der Rhön genannt, wegen der majestätischen Bergkegel, die alle einen harten Kern aus Lavagestein besitzen. Der ➠ **Dreienberg** ❶ bei Friedewald wird nur an einer einzigen Stelle von einem Vulkanschlot durchzogen, sonst besteht er aus hellgrauem Muschelkalk, der über den meist roten, tonigen Schichten des Röt lagert. An solchen Bergen kommt es häufiger zu Rutschungen, wobei sich breite Zerrspalten öffnen, wie beim »Alten Keller« an der Südostecke, über dem einst die Dreienburg stand. Auf den abgerutschten Muschelkalkschollen breiten sich heute nach Renaturierung wieder artenreiche Kalkmagerrasen aus, weiter oben wachsen verschiedene Buchenwaldgesellschaften, u. a. der seltene Orchideenbuchenwald, in dem u. a. Rotes Waldvöglein und Fliegen-Ragwurz gedeihen.

Die Steinbrüche am Fuß des Dreienbergs beim Gut Weißenborn liefern den bekannten Friedewalder Sandstein, einen harten Quarzsandstein, der

Imposanter Baumveteran: die 1000-jährige Linde von Schenklengsfeld

vor allem als Werkstein für Bildgrabdenkmäler diesen Teil der Rhöner Kulturlandschaft geprägt hat, wie man auf dem historischen christlichen Friedhof von **Schenklengsfeld** ❷ sieht. Die Rhöner Gemeinde besitzt im Zentrum einen weiteren Schatz: die 1000-jährige Linde (Kronenumfang 30 m).

Die Ruine der Burg Hauneck bei **Oberstoppel** (13. Jh.) ❸ steht heute noch auf dem höchsten Punkt des Stoppelsbergs und erlaubt vom Bergfried aus einen herrlichen Blick auf die nördliche Kuppenrhön mit dem »Hessischen Kegelspiel« (vom südlichen Ortsrand von Oberstoppel erreichbar). Die »Langen Steine« (auf ausgebautem Feldweg vom nördlichen Ortsrand von Unterstoppel westwärts zum Wald) sind Steinkolosse von über 13 Metern Länge und mehr als 100 Tonnen Gewicht.

Der **Soisberg** (630 m) ❹ bei Wehrshausen gilt als »König« im Neunerfeld des »Kegelspiels«. Ebenmäßig geformt, ragt der bewaldete, längst erloschene und bis auf das Skelett abgetragene Vulkan über Buntsandsteinflächen und Muschelkalkrücken empor. Vom Aussichtsturm sind Hohe Rhön, Thüringer Wald und mitunter sogar der Habichtswald zu erkennen. Am Wegesrand blüht eine üppige Flora, besonders im zeitigen Frühjahr, wenn sich der nährstoffreiche Basalt mit einem Teppich aus u. a. Hohlem Lerchensporn überzieht.

Mansbach ❺, am Fuß der von einem Ringwall geschützten frühgeschichtlichen Grasburg und nahe der hessisch-thüringischen Grenze, schmückt sich mit Schlösschen und Herrenhäusern des Landadels. Die Dorfkirche, hinter dicken, wehrhaften Mauern, ist im schönsten osthessischen Bauernbarock ausgestattet.

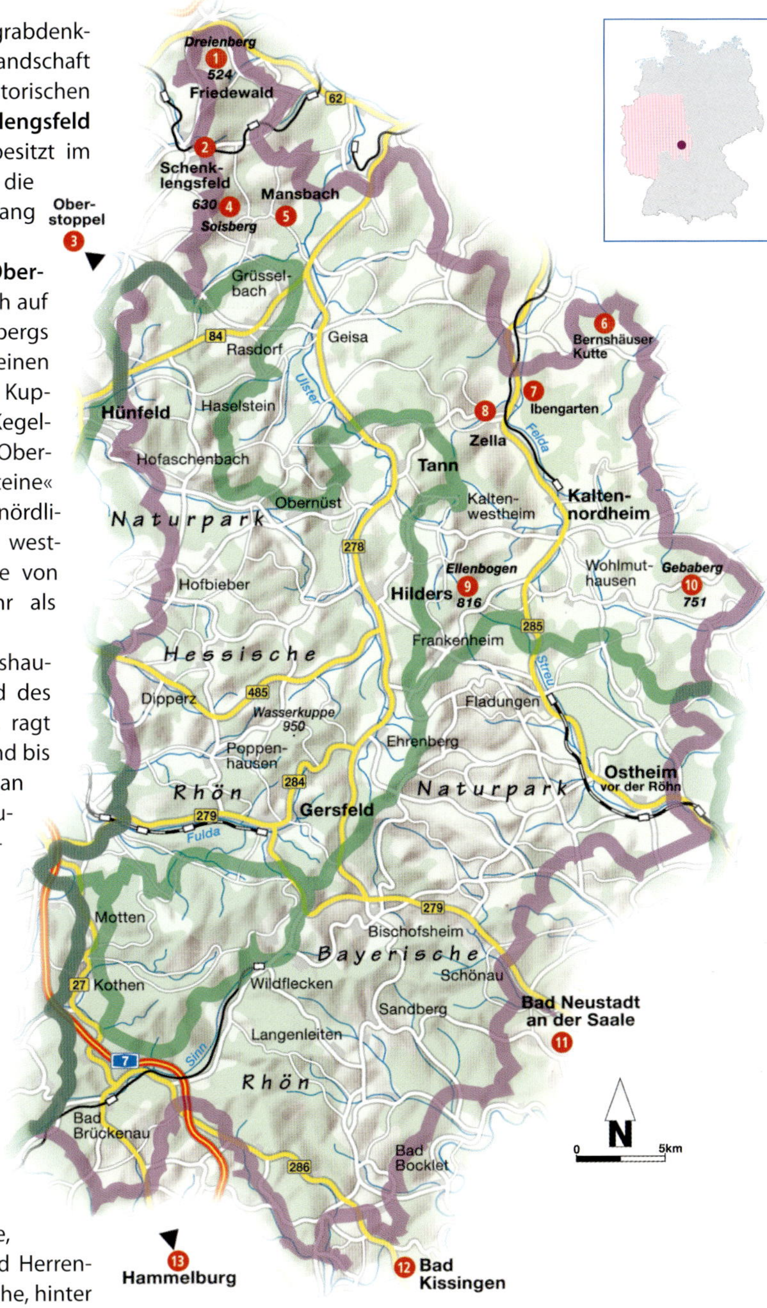

Mittendrin im deutschen Garten

Im thüringischen Anteil des Gebirges hat dieser Garten eine bunte Flora, besonders auf den Schichten des Muschelkalks, die dort größere Flächen einnehmen. Unter diesem lagert Buntsandstein und darunter Zechstein mit seinen Salzlagerstätten. Dem Salz verdankt die Rhön ihre wenigen Seen, denn das Steinsalz löst sich im Grundwasser, hinterlässt Hohlräume, die einstürzen und Erdfallseen schaffen. Auf diese Weise entstand die idyllische **Bernshäuser Kutte** ❻, der größte See der Rhön. »Grüne Kutte« wird das stille, 45 Meter tiefe Gewässer wegen der grünen Wasserlinsendecke auch genannt. Man kann ihn auf teils recht steilem Rundweg erkunden (Baden aufgrund des empfindlichen ökologischen Gleichgewichts verboten).

Ob der ➠ **Ibengarten** (7) südlich des Dörfchens Glattbach am Rand des Feldatals einst angepflanzt wurde, weiß man nicht. Über 300 Eiben umfasst dieses Vorkommen des immergrünen Nadelbaums, mit einem Alter von bis zu 600 Jahren wohl die ältesten Deutschlands. Der Ibengarten geht auf der einen Seite nahtlos in Kalkmagerrasen mit Wacholder- und Orchideenbeständen, auf der anderen in einen Buchenwald über, wo Muffelwild heimisch ist.

Im schönsten Rhön-Barock präsentiert sich in **Zella** (8) die 1732 vollendete Propsteikirche Mariä Himmelfahrt auf einer Anhöhe über der Felda. Zur altehrwürdigen Anlage gehört auch ein malerischer Garten mit Mariengrotte.

Der **Ellenbogen** (9), höchster Berg (816 m) der Thüringischen Rhön, lässt sich bis zum flachen Gipfel bequem »erfahren«. Erwandern kann man die behäbige Höhe der Langen Rhön am besten auf dem Wald-Naturlehrpfad, der bei der Berggaststätte »Eisenacher Haus« (4,5 km, Infotafeln).

Der ➠ **Gebaberg** (751 m) (10) mit dem im Süden oberhalb von Helmershausen vorgelagerten Neidhardskopf bietet eine vollkommen andere Welt. Fast die gesamten Hänge werden von Wacholderheiden und Kalkmagerrasen eingenommen, die in Art und Ausdehnung in Deutschland einmalig sind. Die durch jahrhundertelange Nutzung als Schafweide entstandenen Biotope beherbergen seltenste Pflanzen wie Einknollige Honigorchis und Ohnhorn; hier leben auch seltene Randring-Perlmutterfalter und die Berghexe, ein Augenfalter. Der Rhönkulturgarten auf dem einst als Militärgelände genutzten Gebaplateau informiert über Natur und Kultur in der Rhön.

Traditionsreiche Heilbäder **Bad Neustadt an der Saale** (11) ist untrennbar mit dem Salz in der Tiefe verbunden: durch den Namen des

Blühende Wiesen – wie hier nördlich von Hammelburg – und sanfte Hügel gehören zum Bild des Biosphärenreservats.

Das Kurhaus von Bad Kissingen: Hier fühlten sich schon Könige wohl.

Flusses, an dem es liegt, und durch die mächtige Salzburg (12. Jh.), von der aus der umliegende Salzgau verwaltet wurde. Den historischen Kern der Stadt betritt man durchs Hohntor, Teil der nahezu unversehrt erhaltenen Wehranlage. Hinter ihm drängen sich um den Markt mit der Quellnymphe »Marktbärbel« schmucke Adelshöfe und Patrizierhäuser. Die Karmelitenkirche ist ein architektonisches Juwel Frankens.

➠ **Bad Kissingen** ⑫, ein weiteres Glied in der Kette der Heilbäder am Rand der Bayerischen Rhön, war einst ein »königliches Bad« des europäischen Hochadels. Das zeigen auch die vielen prachtvollen Bauten wie Regenten-, Schmuck- und Luitpoldbau sowie die Arkaden und das Rendezvous-Gärtlein. Aus jüngerer Zeit stammen Rosengarten und Gradierwerk in seiner heutigen Gestalt.

➠ **Hammelburg** ⑬ verdankt seinen Ruf dem herben, trockenen Wein, der seit 1200 Jahren aus den Trauben der Rebgärten auf den »hitzigen« Muschelkalkböden an den Ufern der Fränkischen Saale bereitet wird. Die Altstadt-Runde informiert über die Bedeutung des Weins für die Stadt und führt zugleich zu ihren sehenswertesten Bauwerken. Hoch über der Weinstadt thront Schloss Saaleck.

ERLEBNISBERGWERK MERKERS

Mit dem Förderkorbfährt man in nur 90 Sek. rund 500 m hinab auf die zweite Sohle des ehemaligen Salzbergwerks von Merkers (nordöstlich von ⑤). Unten geht es auf offenen Lastwagen durch das finstere Stollenlabyrinth: zum hallenartigen »Großbunker«, in dem der größte unter Tage eingesetzte Schaufelradbagger der Welt steht, oder zum »Goldraum«, wo Ende des Zweiten Weltkriegs die Gold- und Devisenbestände der Deutschen Reichsbank gelagert waren. Höhe- oder besser Tiefpunkt der unterirdischen Erlebnistour ist jedoch die einzigartige »Kristallgrotte« in 800 m Tiefe: Bis zu 1 m große funkelnde Steinsalzkristalle (Bild) schmücken die Wände der erst 1980 entdeckten Höhle (www.erlebnisbergwerk.de).

31 Naturpark Bayerische Rhön

Felder, Wiesen, Weiden – im »Land der offenen Fernen«

ANFAHRT
Auf der A 7 Kassel–Würzburg zur Ausfahrt Bad Brückenau-Wildflecken, von dort über Bischofsheim auf die Hochrhönstraße Richtung Fladungen; nächster ICE-Bahnhof: Fulda

LAGE
Nördlich von Würzburg im Dreiländereck Bayern/Hessen/Thüringen; ein großer Teil des Parks gehört seit 1991 zum länderübergreifenden Biosphärenreservat Rhön.

GRÖSSE
1250 km^2

HÖCHSTE ERHEBUNG
Kreuzberg (928 m)

GRÜNDUNG
1967

INFORMATION
Naturpark und Biosphärenreservat Bayerische Rhön e. V., Oberwaldbehrunger Str. 4, 97656 Oberelsbach

INFOHAUS
In Oberelsbach

TELEFON
09774/91 02 50

INTERNET
www.naturpark-rhoen.de

Der Naturpark erstreckt sich vom Schwarzen Moor zu den Schwarzen Bergen. Dieser Teil der Rhön umfasst ausgedehnte, mit Wäldern bedeckte, durch Täler zerschnittene Hochflächen auf den Schichten des Buntsandsteins oder den von fruchtbarem Lösslehm verkleideten Muschelkalkplateaus. Zum Kern des Gebirges hin wird die Landschaft schroffer und zeigt die hohen Bergkuppen und -rücken der eigentlichen Hohen Rhön mit ihren Rasenflächen und Blockfeldern. Hier bilden die Lavadecken meist geschlossene Flächen, eiszeitlicher Frost prägte das Landschaftsbild: sanft geglättete Bergflanken, zerklüftete Felsklippen. Die Hohe Rhön ist großteils eine Eiszeitlandschaft, was sich deutlich in Flora und Fauna zeigt.

Strangmoor und Prismenwand Ein interessanter Lehrpfad (2 km, barrierefrei) führt vom Rastplatz »Schwarzes Moor« durch das größte und ökologisch wertvollste Hochmoor der Rhön, das ➠ **Schwarze Moor** (60 ha) (1), das sich in rund 800 Metern Höhe als Strangmoor auf einer Hochfläche ausbreitet. Besonders im Herbst wird durch die unterschiedliche Laubfärbung der Bäume und Sträucher die Vielfalt der Lebensräume eines Hochmoors sichtbar. Dunkle, von weißen Wollgräsern gesäumte Mooraugen wechseln mit Inseln aus strahlend gelb verfärbten Karpatenbirken oder tiefroten Beerensträuchern. Seltene Tiere wie Birkhuhn oder Bekassine leben in dieser Wildnis.
Die Streuobstwiesen im Tal der Streu bei **Fladungen** (2) präsentieren sich im Frühjahr im schönsten Gewand. Sein altertümliches Bild hat sich das fränkische Städtchen im Kern bis heute bewahrt: mit wundervollem Schnitzwerk geschmückte Fachwerkhäuser, mittelalterliche Stadtbefestigungen oder die St. Gangolfskapelle mit Kreuzigungsgruppe und Bildstock als typischen Elementen der Rhöner Kulturlandschaft.
Vom Parkplatz »Schornhecke« führt ein Aufstieg (15 Min., Markierung roter Tropfen) durch die Matten zum **Heidelstein** (926 m) (3) bei Wüsten-

Die Pfarrkirche St. Michael in Ostheim vor der Rhön – eine wahre Kirchenburg

Das Schwarze Moor empfängt Besucher mit blühenden Feuchtwiesen.

sachsen, dem höchsten Punkt der Langen Rhön, den ein Sendemast um gut 200 Meter überragt. Grandios ist der Ausblick auf den Quellkessel der Ulster im Norden und noch mehr auf die kargen Borstgrasrasen der Langen Rhön im Süden. Von einer dunkelgrauen Basaltklippe (mit Ehrenmal des Rhönklubs) sind im Eiszeitalter mehrere Gesteinsblöcke auf dem gefrorenen Untergrund als Kette von Wanderblöcken den Hang hinabgewandert. Das »Haus der Langen Rhön«, Infozentrum des Reservats, steht in der hübschen Marktgemeinde Oberelsbach. Ein Lehrpfad (2,5 km) führt zum nahe gelegenen ➠ **Gangolfsberg** ❹ mit artenreicher Vegetation und Sehenswürdigkeiten wie Prismenwand (mit perfekt geformten Basaltsäulen) und Teufelskeller, eine der wenigen Höhlen in der Rhön.

Kirchenburg und »Heiliger Berg« Als Grenzgebirge war die Rhön oft Kriegsschauplatz. Daran erinnern die vielen Burgen der weltlichen Herrscher, aber auch die Wehrkirchen wie die stark befestigte Pfarrkirche St. Michael (17. Jh.) in ➠ **Ostheim vor der Rhön** ❺, die größte und besterhaltene Kirchenburg Deutschlands. Auch ein Bummel durch den historischen Stadtkern lohnt sich.

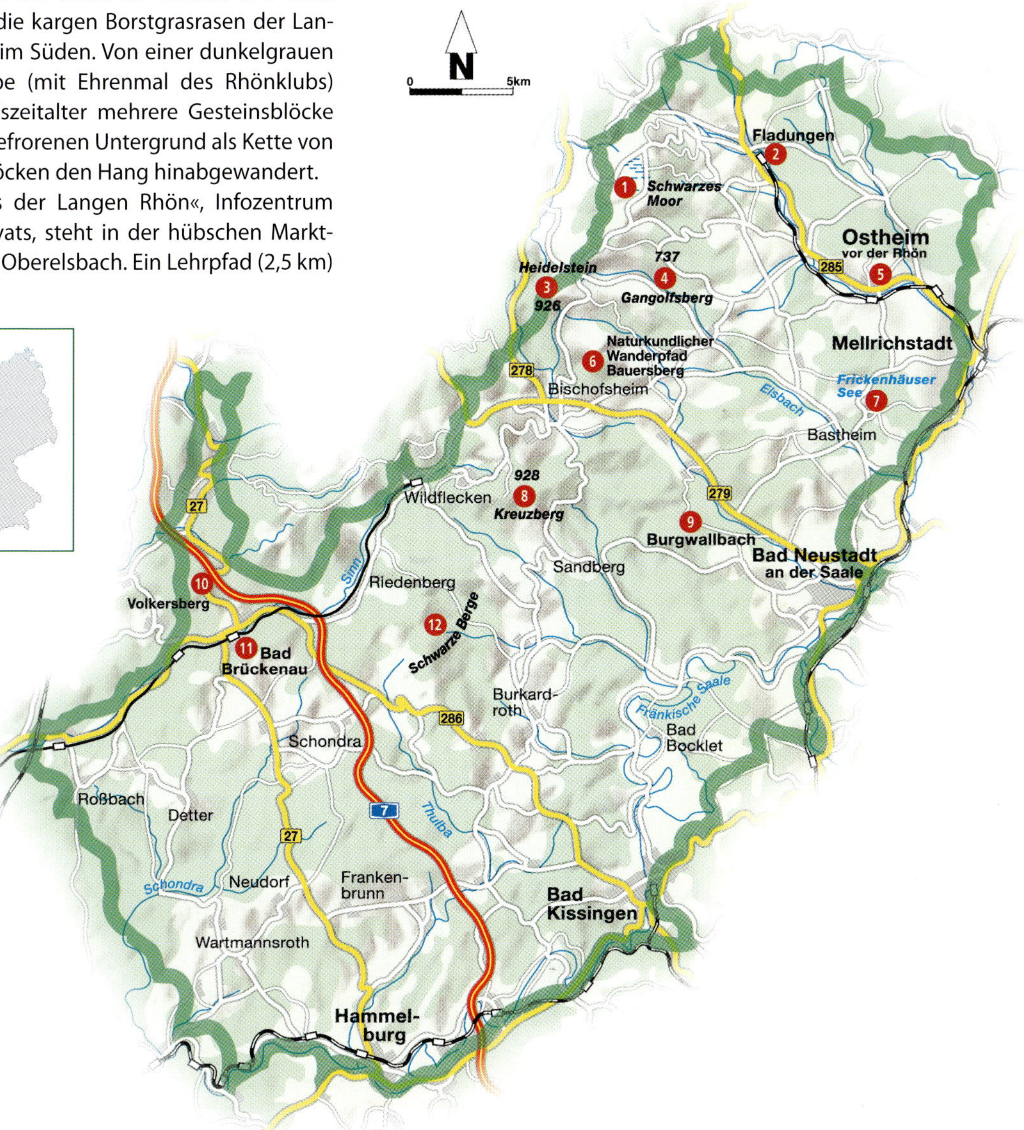

STRANGMOORE

Das größte Hochmoor der Rhön, das Schwarze Moor (1), ist ein Strangmoor, wahrscheinlich das einzige Mitteleuropas. Diese Moore gliedern sich in höhere, lang gestreckte Torfstränge und schlammige, mit Wasser gefüllte Vertiefungen, die sich zwischen den Strängen befinden. Strangmoore kommen fast ausschließlich am südlichen Rand der Arktis über Dauerfrostboden vor, der das Wasser staut und die durchnässten Torfschollen ins Rutschen geraten lässt. In der Langen Rhön erfüllen wohl wasserstauende Tone unter dem Torf diese Aufgabe.

Der südliche Teil der Langen Rhön wird durch den **Naturkundlichen Wanderpfad Bauersberg** (6) erschlossen (10 km; Start am Parkplatz rechts der Straße Bischofsheim–Fladungen in der Nähe von Rothsee und einem aufgelassenen Bergwerksstollen). Besonders eindrucksvoll ist der Kontrast zwischen den herben, sturmgepeitschten Weiden und den Schluchtwäldern im wildromantischen Schwarzbachtal.

Unter den Bio- und Geotopen der Bayerischen Rhön ist der **Frickenhäuser See** (7) eine absolute Ausnahme: Er gilt als der einzige natürliche See Nordbayerns. Das annähernd kreisrunde Gewässer (Durchmesser gut 100 m, 30 m tief) entstand durch Auslaugung der Salzschichten im tiefen Untergrund und ist eine beliebte Freizeitstätte.

Der ➡ **Kreuzberg** (928 m) (8), »Heiliger Berg der Franken«, bietet das ganze Jahr über Autotouristen, Mountainbikern und Wanderern etwas. Letztere können über die Kniebreche von Sandberg hinaufsteigen und oben auf einem der Rundwanderwege zu den Basaltblockhalden, zur Kreuzigungsgruppe und den Aussichtspunkten des Gipfels wandern. In der Klosterschänke trifft man sich beim

Wanderer im Schwarzen Moor: Ein Bohlenpfad erschließt das ökologisch wertvollste Moor der Rhön.

Beeindruckende Säulenbasalt-Formationen am Gangolfsberg

süffigen, dunklen Bier und traditionellem Käsebrot.

»Weißes Gold«, Schwarze Berge Stein- und Kalisalze zählen zu den wenigen Bodenschätzen der Rhön. Der Salzforst bei **Burgwallbach** 9 war jahrhundertelang ein wildreiches Jagdrevier des Hochadels und eine ergiebige Quelle von Brennholz, das die Salinen in großen Mengen verschlangen. Inzwischen hat sich das nur von wenigen Rodungsinseln unterbrochene Waldgebiet zwischen Hoher Rhön und Fränkischer Saale von den Umweltschäden der Vergangenheit erholt. Der Naturlehrpfad Salzforst (Start am Wanderparkplatz an der Straße Burgwallbach–Windshausen) gibt mit Infotafeln einen umfassenden Einblick in Natur und Geschichte der Region.

Am **Volkersberg** 10 oberhalb der A 7 steht ein sehenswertes Ensemble sakraler Bauten um das 1658 anstelle einer Einsiedelei (1113) gegründete Franziskanerkloster mit wundervollem Blick auf die Kuppen der Hohen Rhön. Der Ort Volkers gehört zum Bayerischen Staatsbad ➠ **Bad Brückenau** 11, das seinen Ruf als mondänes Heilbad dem durch die Salzlager im Untergrund salzhaltigen und durch den Rhönvulkanismus kohlensäurereichen Wasser verdankt.

Die **Schwarzen Berge** 12 bei Riedenberg, wo im Nachbarort Oberbach das Infozentrum »Haus der Schwarzen Berge« steht, tragen als natürliches Waldkleid buchengrüne Laubmischwälder und bringen durch die Basaltblockhalden dunkle Farbtöne ins Landschaftsbild.

Eine Wanderung vom Berghaus Rhön zur Kissinger Hütte (gesamt 4 Std.), vorbei an vom Steinbruchbetrieb geschaffenen »Basaltseen« und über aussichtsreiche Kämme, ist der beste Einstieg in die Welt der Schwarzen Berge.

32 Naturpark Soonwald-Nahe

Von Räubern, Kelten, fleißigen Bergleuten – und vom Wein

ANFAHRT
Auf der A 62 und der B 41 über Idar-Oberstein und Kirn nach Schneppenbach und Bundenbach; nächstgelegener ICE-Bahnhof: Bingen

LAGE
In Rheinland-Pfalz, umrahmt von Nahe, Rhein und Mosel

GRÖSSE
736 km^2

HÖCHSTE ERHEBUNG
Simmernkopf (653 m)

GRÜNDUNG
2005

INFORMATION
Naturpark Soonwald-Nahe, Salinenstr. 47, 55543 Bad Kreuznach

TELEFON
0671/803 16 45

INTERNET
www.soonwald-nahe.de

Mitten im Naturparkgebiet liegt der Soonwald, nach dem Pfälzer Wald das größte Waldgebiet im Westen Deutschlands. Die Bergrücken des Soonwalds schützen die südlich gelegenen sonnigen Weinberghänge des Nahetals. Von den Hochflächen des Hunsrücks im Nordosten bis zu den Kurstädten Bad Kreuznach, Bad Münster am Stein und Bad Sobernheim durchstreift man die unterschiedlichsten ökologischen Lebensräume. Farbenfrohe Waldwiesen wechseln mit Wacholderheiden und Trockenrasen. Naturnahe Bachläufe speisen Moore mit mannigfaltiger Flora, und in den Weinbergbrachen an den Talhängen lassen sich seltene Orchideen entdecken.

Steine, Burgen, Schlösser Mehrere reizvolle Ausflugsziele liegen im ➜ **Hahnenbachtal** (1) zwischen Schneppen- und Bundenbach, z. B. die weitläufige Ruine der Schmidtburg (926) bei Schneppenbach. Man erreicht sie vom Ortsrand von Schneppenbach (Parkplatz) auf ausgeschilderten Weg.
Bei Bundenbach, liegt die Altburg, eine keltisch-treverische Höhensiedlung (von 170–50 v. Chr. bewohnt). Die kleinen, lehmverputzten Wohnhäuser und die knorrigen Palisadenzäune sind auch für Kinder ein Erlebnis (www.keltendorf-bundenbach.de). Einblicke in die Geschichte des Schieferbergbaus im Hunsrück vermittelt das Schaubergwerk Herrenberg, ebenfalls bei Bundenbach (April–Okt., täglich 10–17 Uhr).
➜ **Schloss Wartenstein** (14. Jh.) (2), das umringt von dichten Wäldern auf einem Hügel thront, erreicht man am besten von Oberhausen oder Hennweiler (ca. 30 Min.). Ausstellungen informieren über Natur und Bewirtschaftung des Lützelsoons, z. B. über den für die Gegend typischen Niederwald und die Gewinnung von Lohrinde, früher zur Lederherstellung benötigt. Mit längst ausgestorbenen Tieren beschäftigt sich die Aus-

VÖLLIG VON DEN SOCKEN

Natur mal barfuß erkunden? Auf dem Barfußpfad in Bad Sobernheim (südwestl. von (5)) lässt sich das erleben. Das kribbelt, kratzt, schmeichelt und streichelt, je nachdem, was einem da unter die Füße kommt auf dem fast 4 km langen Weg zur Nahefurt. Über den Fluss hangelt man sich dann an Halteseilen entlang über die Hängebrücke, mit 40 m die längste Deutschlands. Auch das Lehmstampfbecken (Bild) bietet ganz neue Erfahrungen. Die Füße kann man anschließend in der Fußwaschanlage reinigen. Geöffnet Mai–Okt. 9–20 Uhr.

Ein wunderschöner Panoramablick auf den Naturpark bietet sich vom Rotenfels bei Ebernburg an der Nahe.

stellung im Gewölbekeller. Großillustrationen, Fossilien und Gesteine ermöglichen eine Reise durch die Erdgeschichte des Hunsrücks (www.schlosswartenstein.de).

Das schroffe Profil der **Oberhauser Felsen** ❸ entstand durch Erosion, die über Jahrmillionen das weiche Mantelgestein abtrug. Übrig blieben die markanten Zacken des Quarzitgesteins. Von den Oberhauser Felsen bietet sich ein herrlicher Talblick. Ein ausgeschilderter Weg führt vom Parkplatz am Sportplatz in Oberhausen kurz durch den Wald hinauf zu den »Dolomiten«.

Räuber und rote Felsen Eine Attraktion an der Nordwestgrenze des Naturparks ist das umfassend ausgestattete Hunsrück-Museum im ➠ **Schloss Simmern** ❹, das in seiner Filmabteilung die Entstehung der Fernsehserie »Heimat« dokumentiert. Weitere Abteilungen widmen sich dem Leben der Hunsrückbewohner, aber auch dem Druckereiwesen in der Region sowie der Natur und Landschaft.

Als über einen Kilometer langes Felsmassiv ragt der **Rotenfels** ❺ bei Bad Münster am Stein-Ebernburg steil am Hang des Nahetals auf. Er besteht aus rötlichem Rhyolith, einem Porphyr-Gestein mit feinkörnig kristalliner Struktur. Vom markantesten Aussichtspunkt, der Bastei, reicht der Blick über den südlichen Teil des Naturparks bis zum Nordpfälzer Bergland. Am Rotenfels bieten sich zahlreiche Wandermöglichkeiten; in Traisen ist die Zufahrt ausgeschildert.

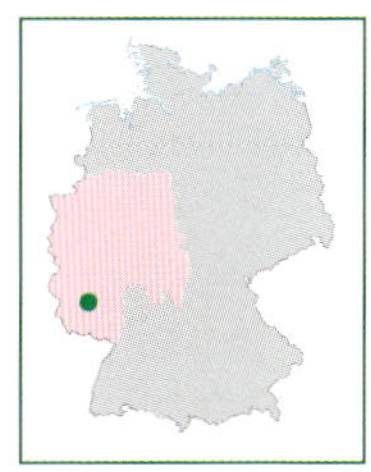

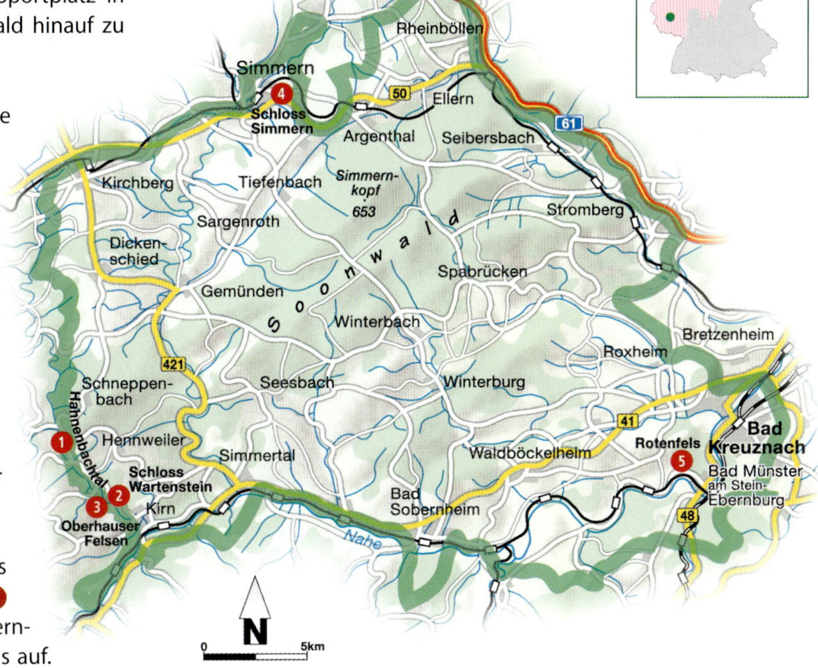

33 Naturpark Saar-Hunsrück

Kaskaden, Einsiedlerklause, römische Mosaiken und die »Stadt der Wölfe«

ANFAHRT
Auf der A 8 bis Merzig und weiter auf der B 51 entlang der Saar bis Saarburg; nächstgelegener ICE-Bahnhof: Trier

LAGE
Im Saarland und in Rheinland-Pfalz, im Städteviereck Trier–Idar-Oberstein–Neunkirchen–Saarlouis

GRÖSSE
2055 km^2

HÖCHSTE ERHEBUNG
Erbeskopf (818 m)

GRÜNDUNG
1980

INFORMATION
Naturpark Saar-Hunsrück e. V., Trierer Str. 51, 54411 Hermeskeil

TELEFON
06503/921 40

INTERNET
www.naturpark.org

Der Naturpark zwischen Mosel, Nahe und Saar zählt zu den größten in unserem Land: von Rheinland-Pfalz bis ins nördliche Saarland und an die Grenze zu Frankreich. Ein kleiner Teil gehört zum Naturraum Saar-Nahe-Bergland, ein größerer wird vom Saargau mit dem Saartal, der größte vom Hunsrück eingenommen. Das Schichtstufenland an der Saar ist Weinkeller und Kornkammer, mit sanft gewellten, offenen Hochflächen, die alle von bewaldeten Steilstufen und schroffen Talhängen unterbrochen werden. Der lang gestreckte, fast geschlossen bewaldete Hunsrück, Teil des Rheinischen Schiefergebirges, hat mehrere markante Rücken auf hartem Gestein, den Schwarzwälder und den Osburger Hochwald sowie den Idarwald, die von Feld- und Wiesenfluren über weicherem Schiefergestein unterbrochen werden.

Der Saargau – Höhen und Tiefen einer Landschaft Die Burg, die der romantischen Wein- und Glockengießerstadt **Saarburg** ❶ den Namen verliehen hat, thront hoch über dem Fluss. Unten reihen sich in Saarburgs »Klein-Venedig« malerische Fischer- und Schifferhäuser auf. Der Leukbach zeigt ein einzigartiges Naturschauspiel: einen Wasserfall, der vor allem bei Hochwasser mit gewaltigem Schwall etwa 20 Metern tief über Tonschieferfelsen herabstürzt. Der Bach wurde einst künstlich abgelenkt, um u. a. die Mühlräder im Tal anzutreiben. In der ehemals kurfürstlichen Mühle (1657) befindet sich das städtische Museum »Amüseum«.

Bei **Kastel-Staadt** ❷ erhebt sich der schroffe Kasteler Felsen (200 m) aus Buntsandstein über dem linken Ufer der Saar. Den Kelten und Römern diente er als natürliche Festung, Einsiedler hausten wohl schon seit Urzeiten in den eingegrabenen Grotten; um 1600 wurde eine Kapelle mit Klausnerwohnung erbaut. Auf einem archäologischen Lehrpfad kann man die wechselvolle Geschichte von Kastel-Staadt, auf dem Felsenweg den Klausfels erleben.

Die Moselgemeinde ➠ **Perl** ❷ besitzt zwei herausragende Höhepunkte römischer Baukunst: die Villa Borg, eine originalgetreu rekonstruierte »Villa Rustica« mit Funden aus römischer und keltischer Zeit, und herrliche

Das ungewöhnliche Oktogon der Marienkirche in Mettlach

Mosaiken in Perl-Nennig mit Abbildungen, die zu den bedeutendsten und besterhaltenen Dokumenten römischer Kunst nördlich der Alpen zählen.

So verschlungen wie antike Ornamente verläuft der Lauf der unteren Saar. Etwa auf halber Strecke zwischen Merzig und Mettlach strömt der Fluss zunächst nach Nordwesten, macht dann bei ➠ **Orscholz** ❹ abrupt kehrt und wendet sich gen Südosten. Genau im Scheitel der Flussbiegung ragt die Cloef 130 Meter über den Talgrund auf. Die »Klippe« mit einmaligem Flusspanorama (vom Ort bequem zu erreichen) besteht aus Taunusquarzit, das den Fluss vor Millionen von Jahren zu dieser und anderen Schleifen zwang. Es bildete einen Riegel, der das Gefälle verringerte und hinter dem sich der Fluss in weiten Mäandern durch die Ebene schlängelte. Als Hunsrück und Saargau langsam gehoben wurden, behielt die Saar ihren gewundenen Lauf bei, schnitt sich in den Untergrund ein und war schließlich in den Talmäandern gefangen.

Im Wolfspark in Merzig kann man den Verhaltensforscher Werner Freund bei der Arbeit mit seinen Tieren beobachten.

Hundeartige, Höhlen und Heiligtümer Die Saarschleife oberhalb von **Mettlach** ❺ wurde als »Nationales Geotop« ausgezeichnet. Der günstigen Lage an der Wasserstraße verdankt der uralte Ort die Keramikindustrie, die seit mehr als 200 Jahren das Wirtschaftsleben beherrscht und sich in der »Erlebniswelt Keravision bei Villeroy & Boch« und im Keramikmuseum vorstellt. Beide Sammlungen befinden auf dem Gelände der ehemaligen Benediktinerabtei mit ihrem Altem Turm (im Kern um 1000). Auch die ehemalige Stiftskirche St. Peter ist ein imposanter Bau der Romanik und das Stadthaus einer der bedeutendsten Bauten der Spätrenaissance im Saarland.

Größte Attraktion von **Merzig** ❻ ist der außerhalb bei Besseringen gelegene Wolfspark, dem die Stadt den Beinamen »Stadt der Wölfe« verdankt. Der Park, bei Tageslicht frei zugänglich, wurde vom Tier- und Verhaltensforscher Werner Freund vor mehr als 30 Jahren geschaffen. Als ranghöchster (Alpha-)Wolf lebt der Forscher in den Rudeln mit Wölfen aus der Arktis, Sibirien, Kanada, Indien und Europa zusammen (www.wolfspark-werner freund.de).

An der saarländisch-lothringischen Grenze liegt **Niedaltdorf** ❼, geologisch dem Lothringer Stufenland zugehörig. Die Schichtenfolge enthält dort auch den Muschelkalk mit leicht löslichem Kalkstein. In dieser Formation hat sich die 1880 entdeckte Niedaltdorfer Tropfsteinhöhle gebildet. Sie besteht aus zwei Gängen, die beide durch zwei künstliche

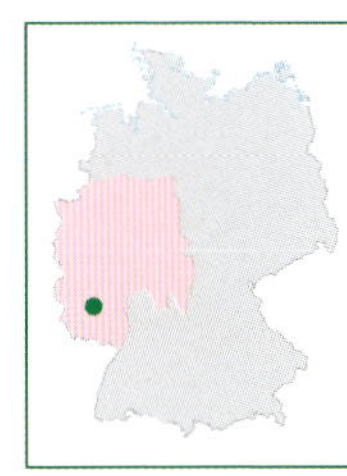

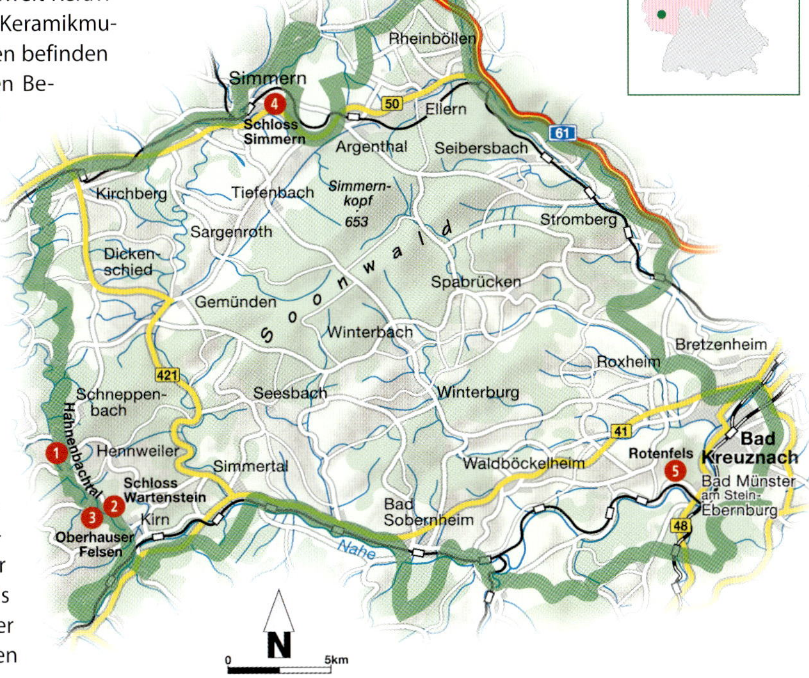

Die Saarschleife bei Orscholz gehört zu den landschaftlich reizvollsten Teilen des Parks.

Stollen zu einem Rundgang verbunden sind. Die Höhle ist eine bemerkenswerte Ausnahme unter den deutschen Höhlen: Zum einen betritt man sie durch den Keller eines Hauses, zum anderen ist sie im Unterschied zu den sekundären Karsthöhlen nicht durch Lösung und Auswaschung des Kalksteins, sondern als primäre Höhle durch die Ausscheidung von Kalksinter entlang einem Bach geformt worden.

Der Ihner Bach, der diese seltene Höhle schuf, fließt durch eine typische Karstlandschaft mit kaum oberirdischen Fließgewässern abseits der Haupttäler, dafür jedoch mit einzelnen Karstquellen. In einer solchen Landschaft wird die Bedeutung des Wassers als Lebensquell offenkundig, werden Quellen zu heiligen Stätten, wie am Sudelfels am Fuß des Hirnbergs bei **Ihn** 8, wo in einem Tempelbezirk (1.–4. Jh.) die gallorömische Quell- und Heilgöttin Sirona verehrt wurde. Seit über 100 Jahren werden in dem Grabungsgelände Funde freigelegt und Gebäudereste konserviert und rekonstruiert, etwa eine Landvilla der Römerzeit.

Wie alle Kolonisatoren wollten auch die Römer möglichst schnell reich werden. Ein gewisser Emilianus versuchte es (ca. 3. Jh.) an den Hängen des Hansenbergs oberhalb von **St. Barbara** 9, Ortsteil von Wallerfangen, mit der Ausbeutung der Bodenschätze Germaniens. Er ließ am Mundloch des oberen Emilianusstollens (von der Hauptstraße auf einem Fußweg kurz zu erreichen) die Inschrift »Incepta Officina Emiliani Nonis Mart(is)« ins Gestein meißeln. Sie besagt, dass das Bergwerk des Emilianus in den Nonen des März eröffnet wurde. An keinem anderen Ort des Römischen Reichs ist eine derartige Okkupationsinschrift erhalten geblieben. Aus dem Stollenmundloch wurden keine edlen Erze ans Tageslicht befördert, sondern Azurit, ein azurblaues Kupfermineral zur Herstellung von Farben.

Zu Deutschlands Hitzepol Der Naturpark ist eine der heißesten Gegenden, wenn nicht gar der Hitzepol Deutschlands. In den Höhenlagen des Hunsrücks, im Osburger Hochwald, stößt man dennoch auf Spuren der Eiszeit. Der **Weyrichsbruch** 10 bei Reinsfeld, ein Quellmoor am Südhang des Rösterkopfs (von Reinsfeld Richtung Holzerath bis zum Parkplatz am höchsten Punkt der Landstraße und auf ausgeschildertem Wald-, dann Bohlenweg durchs Moor), beherbergt neben Wollgräsern, Moosbeerenzwerg-Sträuchern und Sonnentau bis zu 140 Jahre alte Moorbirkenbestände und den seltenen Siebenstern. Das Moor im Quellgebiet der Ruwer ist Überbleibsel eines Moorkranzes, der (bis ins 18. Jh.) die Höhen des Osburger Hochwalds mit ihren hohen Niederschlägen und nährstoffarmen Quarzitböden umschloss. Durch die gezielte Entwässerung wurden die ökologisch wertvollen Feuchtgebiete größtenteils zerstört.

Das Erlebnismuseum »Mensch und Landschaft« (im Naturpark-Infozentrum) in ➡ **Hermeskeil** 11 bietet mit Ausstellungen, Lehrpfad und Freiluftklassenzimmer einen Streifzug durch Entstehung und Geschichte der Natur- und Kulturlandschaft des Hunsrücks. In der Flugausstellung an der Hunsrückhöhenstraße gibt u. a. es mehr als 100 Flugzeuge zu sehen. Bodenständige Exponate präsentiert das Dampflokmuseum im ehemaligen Bahnbetriebswerk Hermeskeil, und im Feuerwehrmuseum am Bahnhof steht der Kampf gegen das Feuer im Mittelpunkt.

Die **Grimburg** 12 (von der Landstraße südlich des gleichnamigen Orts über den Grimburger Hof auf steilem Pfad zu erreichen), in der im 16./17. Jahrhundert grausame Hexenprozesse stattfanden, wurde 1683 durch französische Truppen eingeäschert. Seit den 1980er-Jahren wird die trutzige Veste wieder aufgebaut, und heute kann man vom Bergfried ein weites Panorama genießen.

➡ **Nonnweiler** 13 schaut mit dem Planetenwanderweg und der Sternwarte Peterberg in den Weltraum. Die Historische Nagelschmiede in Sitzerath und das imposante Ensemble der ehemaligen Eisenhütte Mariahütte sind Denkmäler des frühen Industriezeitalters. Aus der Eisenzeit stammt der gewaltige keltische Ringwall (20 ha) oberhalb der L 147 nördlich des Ortsteils Otzenhausen. Bis in die Zeit um 500 v. Chr. reicht die Geschichte des keltischen Oppidums an den Hängen des Dollbergs über der heutigen Talsperre Nonnweiler zurück; geblieben ist eine der eindrucksvollsten frühgeschichtlichen Befestigungsanlagen Europas.

Ein anderer Ringwall befindet sich im Pfaffenwald bei **Oberthal** (14). Eine ausgesprochene Rarität ist das Feuchtgebiet Oberthaler Bruch in der Senke zwischen Pfaffen- und Leißwald (Parkplatz am Ende der Scheuersbergstraße, dann über einen Waldlehrpfad). Allein gut 80 Schmetterlings- und fast 50 Vogelarten sind in der Sumpf-, Wiesen-, Weiher- und Waldlandschaft heimisch, dazu die Arnika in großen Beständen und etliche Orchideen, insgesamt weit mehr als 200 Pflanzenarten. Eine geologische Besonderheit der Region ist der Rötel, ein eisenhaltiger roter Ton, der u. a. im Leißwald vorkommt und früher als Rohstoff von Farben diente.

Wilde Narzissen, schroffe Rosseln Wilde Pflanzen werden häufig in nicht geschützten Gebieten erbarmungslos mit Stumpf und Stiel ausgemerzt, wie die Wilden Narzissen auf den Wiesen bei **Thiergarten** (15). Das mehrere Hektar große, im Frühjahr gold-gelbe Blütenmeer ist daher seit den 1970er-Jahren erheblich geschrumpft, doch auch die Restbestände sind noch sehenswert. An Wege- und Grabenrändern, Böschungen und in Gebüschen haben sich um Thiergarten herum etliche Tausend Wilde Narzissen gehalten. Große Bestände gibt es auch noch im Ruwertal zwischen Mandem und Zerf.

Den höchsten Berg des Hunsrücks, von Rheinland-Pfalz und des gesamten linksrheinischen Schiefergebirges, den Erbeskopf (817 m), erreicht man am schnellsten von **Allenbach** (16) auf der B 422 Richtung Thalfang (hinter der Kreuzung mit der B 269 auf der Landstraße bis zum Parkplatz »Hängende Birke«, von dort Wanderweg bzw. Straße zum Kopf). Er bietet mit seinen Radarkuppeln und Militärbaracken nicht gerade einen erhebenden Anblick, doch von der obersten Plattform des Aussichtsturms schweift der Blick bei guter Sicht bis weit in die Eifel, ins Saar-Nahe-Bergland und bei besten Verhältnissen sogar bis zum Odenwald.

Früher ein gut zu verteidigender Felsenkamm, heute für Wanderer und Kletterer interessant: die Mörschieder Burr

Viele Wege führen hinauf zum Wildenburger Kopf (664 m) mit seinen Quarzitfelsen und ausgedehnten Rosseln (Blockmeeren). Der wohl schönste Aufstieg beginnt in der Kempfelder Straße in ➠ **Mörschied** (17), führt dann meist über die mit »M 1« und »H« markierten Wege und streckenweise auch über Kletterpfade. Erster Höhepunkt ist die Mörschieder Burr, ein Felsenchaos und Naturschutzgebiet. Ebenfalls unter Naturschutz steht der eigentliche Wildenburger Rücken, der nach Südwesten hin in die Klippen und Felsmeere des Sandkopfs ausläuft. Der schmale, leicht zu verteidigende Felskamm trug in den letzten Jahrtausenden eine keltische Fliehburg (teilrekonstruiert), ein römisches Heiligtum, eine spätrömische Festung und eine mittelalterliche Burg. Den geschichtsträchtigen Ort krönt ein Aussichtsturm mit grandiosem Panorama.

WILDFREIGEHEGE WILDENBURG

Der Park bei Kempfeld könnte nicht »wilder« gelegen sein: mitten in einem wildreichen Wald, an wildzerklüfteten Felsen und zu Füßen der urigen Wildenburg (bei (17)). Für Kinder gibt es Streichelzoo und Abenteuerspielplatz, spannender ist jedoch die Wanderung auf dem 3 km langen Rundweg zu den Gehegen der Hirsche, Mufflons, Luchse, Wildschweine, Wildkatzen und zu vielen anderen Wildtieren (www.hunsrueckverein.de).

34 Naturpark und Biosphärenreservat Pfälzerwald

Wälder, bizarre Felsen, imposante Burgen und sonniges Rebland

ANFAHRT
Auf der A 63 von Mainz Richtung Kaiserslautern bis Ausfahrt Winnweiler und über Alsenbrück-Langmeil nach Sippersfeld; nächster Bahnhof: Langmeil an der Alsenztalbahn (Kaiserslautern –Bingen).

LAGE
Im Süden von Rheinland-Pfalz an der Grenze zum französischen Naturpark Nordvogesen

GRÖSSE
1780 km²

HÖCHSTE ERHEBUNG
Kalmit (673 m)

GRÜNDUNG
1958, als Biosphärenreservat 1992

INFORMATION
Naturpark Pfälzerwald,
Franz-Hartmann-Str. 9, 67466 Lambrecht

TELEFON
06325/955 20

INTERNET
www.pfaelzerwald.de

Der Naturpark Pfälzerwald ist der nördliche Teil des UNESCO-Biosphärenreservats Nordvogesen-Pfälzerwald; beide Naturräume gehen nahtlos ineinander über und bilden eine der ursprünglichsten Kultur- und Naturlandschaften Mitteleuropas. 1998 wurden sie als erstes grenzüberschreitendes Biosphärenreservat in Europa von der UNESCO anerkannt. Der Pfälzerwald ist eines der größten geschlossenen Waldgebiete Deutschlands, immer wieder durchbrochen von Buntsandsteinfelsen mit traumhaften Ausblicken auf das Felsen-, Burgen- und Waldreich zwischen Vogesen, Weinstraße, Westrich und Donnersberg.

Versteckte Wasser im nördlichen Pfälzerwald Der Stumpfwald im äußersten Norden des Parks ist eine von wenigen Kuppen durchbrochene, vollständig von Wald bedeckte Buntsandsteintafel. In einigen der Täler wurden Teiche aufgestaut, die (nach dem gleichnamigen Ort) **Sippersfelder Weiher** ❶, ein beliebtes Naherholungsgebiet. Die idyllische Teichlandschaft ist durch Wanderwege erschlossen, einige Teiche wie Retzberg- und Pfrimmweiher im Quellgebiet der Pfrimm stehen unter Naturschutz, andere, wie der Eiswoog, werden als Badeteiche genutzt. Der Retzbergweiher ist bekannt für seine Schwimm- und Wasserpflanzen. Geschützte Amphibien laichen hier, und über dem Wasser tanzen Libellen.
Noch weiter in den tiefen Wäldern liegt zwischen **Battenberg** ❷ und Bad Dürkheim der **Ungeheuersee** ❸ mit seinen Schwingrasen und der Hütte des Pfälzerwald-Vereins. Zu diesem Ausflugsziel im abgeschiedenen Krumbachtal führen aus allen Himmelsrichtungen Wanderwege. Straßen gibt es hier keine, deshalb erfreuen sich See und Hütte großer Beliebtheit bei allen, die die Ruhe genießen wollen. Torfmoose, Verlandungszonen, Sumpfgräser und Binsen prägen die Vegetation in und an dem nährstoffarmen Gewässer, an dem auch seltene Libellenarten leben.
Faustkeilfunde belegen, dass auf dem plateauartig breiten Bergsporn zwischen Eckbach- und Krumbachtal schon in der Altsteinzeit Menschen lebten. Die Burg Battenberg (13. Jh.) ist als kolossale Ruine erhalten. Interessant sind auch die »Blitzröhren« im Fels bei der Burg, röhrenförmige

Der bekannteste Felsen der Pfalz: der Teufelstisch

Gebilde, die nicht, wie angenommen durch Verhärtung bei Blitzschlag entstanden, sondern durch Verwitterung, da der Sandstein hier mit Brauneisen und Ockererden angereichert und daher härter als der umgebende Sandstein ist.

Aussichtsreiche Höhenziele, stimmungsvolle Täler Die **Heidenmauer** ❹, eine frühkeltische Ringwallanlage auf dem Kästenberg, erhebt sich links der Isenach oberhalb von Bad Dürkheim und bietet einen wundervollen Blick über die Oberrheinebene zum Odenwald. Dem von knorrigen Kiefern, mächtigen Eichen und alten Kastanien überragten Steinwall (2 km lang, bis 11 m hoch, bis 6 m breit) folgt ein Naturlehrpfad durch den Wald (Start am Pfalzmuseum für Naturkunde an der Herzogmühle). Im Süden läuft die Heidenmauer gleichschenklig spitz zu, im Norden ist sie mondsichelförmig gerundet. Die Nord-Süd-Achse ist genau, die West-Ost-Achse annähernd exakt nach den Himmelsrichtungen ausgerichtet. Anders als keltische Viereckschanzen weist die Heidenmauer ein Nordtor auf; wenig nördlich davon liegt der Teufelsstein: ein vier Meter hoher Buntsandsteinblock mit Näpfchen, Schalen und Rillen, die vom Teufel stammen sollen. Wissenschaftler rätseln, ob Schale und Rinne auf dem Felsen eine Opferschale mit Blut-Abflussrinne darstellen und in der keltischen Hallstatt- bzw. La-Tène-Zeit in den Felsen eingetieft wurden oder ob sie durch natürliche Verwitterung entstanden.
Ein anderes lohnendes Ziel bei Bad Dürkheim ist der ebenfalls nur zu Fuß erreichbare **Drachenfels** ❺ mit Drachenhöhle und Durchblickkammer, das wuchtige, in Felswänden abstürzende Gipfelplateau des Hohen Bergs mit hervorragendem Ausblick auf das Kuppenmeer des Pfälzerwalds. Der Sage nach soll Fafnir hier in Drachengestalt den Goldhort der Nibelungen gehütet haben. Von der Waldbauern-Gaststätte »Saupferch« aus führt ein steiler Pfad im Wald hinauf (45 Min.). Vom Westfels kann man über das breite, von uralten Eichten, Buchen und Kiefern geschmückte Felsplateau (Naturschutzgebiet) wandern. Auch auf dem Südfelsen mit zahlreichen Schalen, Näpfchen und Rinnen öffnet sich eine wunderbare Aussicht auf die Umgebung.
Während Heidenmauer und Drachenfels aussichtsreiche Höhenziele sind, zählt das **Poppental** ❻ bei Wachenheim an der Weinstraße zu den stimmungsvollsten Tälern des Pfälzerwaldes. Ein sanft ansteigender Pfad führt, dem Bach im Tal folgend, zur

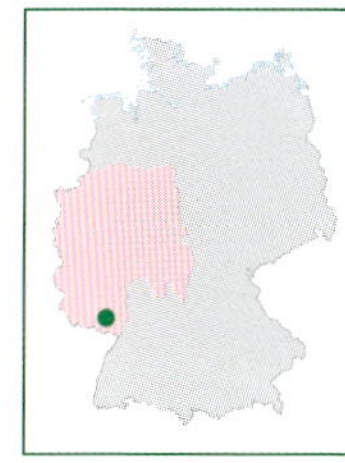

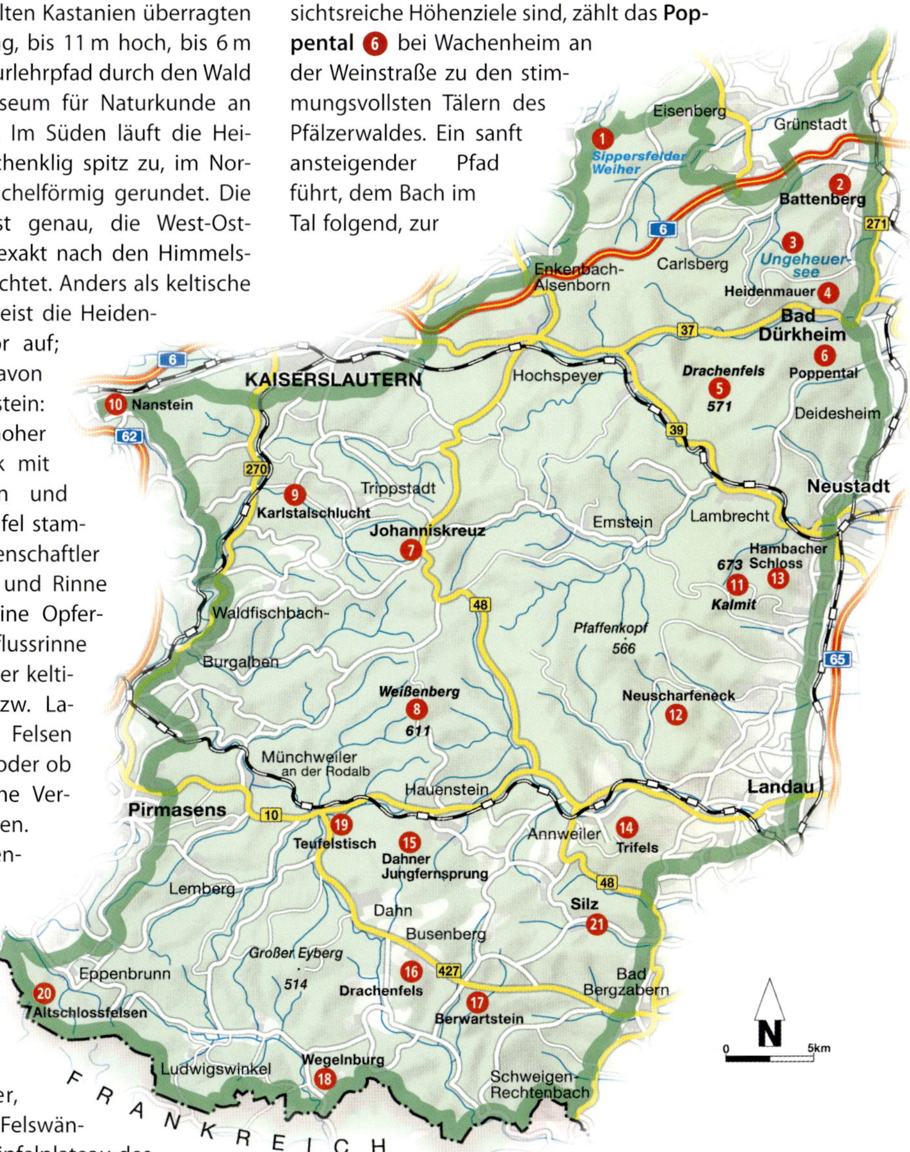

Ort der Legenden: In einer Höhle im Drachenfels soll der Goldschatz der Nibelungen verborgen gewesen sein.

Steinernen Kelter, die als Naturdenkmal unter Schutz steht und ebenfalls als alter Opferstein gedeutet wird. Eine auffällige Erscheinung bei der Keltenquelle, die man wenig später erreicht, ist ihr zeitweises Aussetzen: Ein Rumpeln im Berginneren kündigt das Aussetzen an, die Quelle hört auf zu fließen, wenig später ist das Wasser wieder da. Hier beginnt der schönste Abschnitt des Poppentals: Man kann nach Herzenslust endlos im Rauschen der Wälder wandern.

Weiter westlich prägen lang gestreckte Höhenrücken, tief eingeschnittene Täler und weite Hochflächen die Landschaft um das **Johanniskreuz** 7, das »Herz des Pfälzerwalds« mit seinen uralten Eichen. Dort steht im Quellgebiet der Lauter die »Weltachs'«, ein Felsen, der den Mittelpunkt der Pfalz bezeichnet. Neben Burgruinen gibt es als lohnenden Panoramapunkt u. a. den Luitpoldsturm auf dem **Weißenberg** 8.

Die ➠ **Karlstalschlucht** 9 bei Trippstadt ist eines der urwüchsigsten Schluchttäler des Pfälzerwalds. Das Naturschutzgebiet wartet mit von zahlreichen Pflanzen überwucherten, wildromantischen Buntsandsteinfelsen auf. Man erreicht die Schlucht vom Parkplatz rechts an der Straße Trippstadt–Oberhammer. Im Nordwesten gewährt die mächtige Sickingen-Burgruine **Nanstein** (12. Jh.) 10, die zu den vielen Burgen Kaiser Barbarossas zählte, hoch über Landstuhl einen hervorragenden Ausblick. Im Sommer finden hier Freichlichtspiele statt.

Zu den höchsten Höhen des Pfälzerwalds

Auf den vom Menschen genutzten Waldreichtum des Pfälzerwalds verweist der ursprüngliche Name »Haardt«. Die Haardt-Wälder wurden in vergangenen Jahrhunderten als Waldweiden genutzt: das Holz als Brenn- und Baumaterial, Nadeln und Laub als Einstreu in den Ställen sowie als Viehfutter. Darüber hinaus lieferten die Kastanienwälder in den unteren Lagen des Ostabbruchs der pfälzischen Haardt seit römischer Zeit dem Weinbau Stangen für den Kammertbau. Als 1843 der Naturraum Pfälzerwald festgelegt wurde, blieb die Bezeichnung »Haardt« für den östlichen Teil des Pfälzerwalds nördlich des Queichtals erhalten.

Dort erhebt sich hoch über der Deutschen Weinstraße die ➠ **Kalmit** (673 m) 11, höchster Berg des Pfälzerwalds (von lat. »calvus mons«, kahler Berg). Die einstige »Kahlheit« ist inzwischen dichter Bewaldung gewichen, doch von der Terrasse vor dem Kalmithaus bietet sich eine wunderbare Aussicht über die Rheinebene. Von der Totenkopfstraße aus ist die Kalmit auf mehreren Wanderwegen zu erreichen, von denen einer durch das Felsenmeer auf dem Hüttenberg, einem steil nach Osten abfallenden Kammausläufer der Kalmit, führt: ein von naturnahen Laubwäldern überdachtes Ensemble aus Einzelfelsen, das u. a. durch Frostsprengung entstand, durch die ein hier anstehendes, etwa 750 Meter langes Buntsandstein-Felsenriff zerlegt wurde. Die abgesprengten Felstrümmer gerieten in Bewegung und rutschten die Hänge hinab.

Das Gebiet nördlich der Queich lockt mit einer Vielzahl spannender Ausflugsziele und Wandermöglichkeiten: z. B. die Ruine **Neuscharfeneck** 12 und der Orensfelsen mit fantastischem Blick übers Queichtal, der wunderschöne Aufstieg vom Weindorf St. Martin über den Ottilienberg und durchs Felsenmeer zur Kalmit, die Waldwanderung zum berühmten Hambacher Schloss und auf die Hohe Loog.

Das weithin sichtbare **Hambacher Schloss** 13 auf dem ringumwallten Kästenberg, einem aus der Haardtkette ins Rebland vorspringenden Kegel oberhalb von Diedesfeld, ist eine der bekanntesten Symbolstätten für die Entstehung der deutschen Demokratie. Das »Hambacher Fest« im Jahr 1832 war die größte politische Protestkundgebung für ein freies, republikanisches Deutschland vor der Revolution von 1848. 1965–1969 und 1979–1982 wurde das Hambacher Schloss restau-

PFALZMUSEUM FÜR NATURKUNDE

Das Pfalzmuseum für Naturkunde (Pollichia-Museum, Bild) mit dem Info- und Forschungszentrum Naturpark Pfälzerwald ist in der ehemaligen Herzogmühle (1736) im Bad Dürkheimer Ortsteil Grethen untergebracht (in der Nähe von 4 und 5). Ein Besuch im Museum vertieft in vielerlei Hinsicht das Verständnis für das Waldgebirge: Wann wurden die letzten Adler geschossen, wie sahen sie aus, wie erkennt man Versteinerungen und welche Typen gibt es, welche Pilze wachsen hier, wie heißen sie? Geologie, Zoologie, Botanik, Paläontologie, Landeskunde, Naturforschung, Naturschutz – das Museum bietet eine Fülle von Infos, auch zu Heidenmauer 4 und Kriemhildenstuhl (www.pfalzmuseum.de).

riert und zur musealen Gedenkstätte des Hambacher Fests und zum Ort für politische und kulturelle Veranstaltungen umgebaut.

Wasgau und die Fürsten der Felsen Südlich der Queich liegt eine der bizarrsten Buntsandstein-Landschaften Deutschlands: der ohne naturräumliche Grenze mit den Nordvogesen verbundene Wasgau (Wasgenwald) mit dem Dahner Felsenland. Hier befinden sich neben Teufelstisch und Altschlossfelsen die bekanntesten Felsen der Pfalz, darunter der **Trifels** 14 mit der »Burgendreifaltigkeit« hoch über dem Queichtal, der **Dahner Jungfernsprung** 15 über dem Wieslautertal, der **Drachenfels** 16 bei Busenberg mit seiner gewaltigen Felsenburganlage, die Mittelalterburg **Berwartstein** 17 und die **Wegelnburg** 18, die höchstgelegene Burg der Pfalz – allesamt Traumziele des Wasgaus.

Der berühmteste Fels der Pfalz ist der ➡ **Teufelstisch** 19 bei Hinterweidenthal. Geradezu wie im Lehrbuch zeigt dieser sagenumwobene Tischfelsen die Verwitterungsvorgänge im Buntsandstein: Die Schicht des »Tischs« aus massivem, verkieseltem, fest verbundenem Sandstein widersteht der Erosion erfolgreicher als die darunterliegende Schicht aus weicherem Sandstein, der zu einem Sockel geschrumpft ist und eines Tages ganz verschwunden sein wird.

Bei Eppenstein kann das großartige Felsenriff der ➡ **Altschlossfelsen** 20 bestaunt werden, das längste (1,5 km) Buntsandsteinriff der Pfalz und eines der beeindruckendsten Naturwunder im Biosphärenreservat Nordvogesen-Pfälzerwald. Das Ensemble in der Ostflanke des Brechenbergs zeigt spektakulär fast alle Verwitterungsformen im rotem Buntsandstein des Wasgaus: Türme, Überhänge, Höhlen, Quergänge, Kamine und Kugelsteinbildungen. Hinzu kommen feinste Farbschattierungen und luftwurzelige Bäume – zu jeder Jahreszeit bieten sich hier unvergessliche Farbschauspiele und Naturerlebnisse. Die Altschlossfelsen liegen am Wanderweg vom pfälzischen Luftkurort Eppenbrunn ins lothringische Kirchdorf Roppeviller; der grenzüberschreitende Wanderweg wurde nach Altbundeskanzler Helmut Kohl benannt, der diese herrliche Wanderung oft unternahm.

Der Erholungsort **Silz** 21 liegt im Wasgauer Klingbachtal und ist über die B 48 Bad Bergzabern–Annweiler am Trifels zu erreichen (in Klingenmünster abzweigen). Südlich von Silz befindet sich der sehenwerte Wild- und Wanderpark Südliche Weinstraße (www.wildpark-silz.de).

Das Hambacher Schloss gilt als eine Wiege der Demokratie in Deutschland.

Nationalpark
Eifel
Herzlich willkommen
Im Nationalpark Eifel lautet das Motto „Natur Natur sein lassen". Wildkatzen, Rothirsche, Spechte und eine Vielzahl weiterer Tier- und Pflanzenarten finden ungestörte Lebensräume. Der Mensch wird zum Beobachter, zum stillen Genießer. Belohnt wird er mit der Vielfalt und Schönheit ungelenkter Natur. Ein Netz aus Wanderwegen macht das 110 Quadratkilometer große Gebiet für Sie erlebbar. Einige Wege sind auch für Radfahrer oder parallel als Reitspuren freigegeben. Nehmen Sie daher bitte Rücksicht auf andere Erholungssuchende.
Ihr Nationalparkforstamt Eifel
Bitte auf den markierten Wegen bleiben.
Welcome
National Park Authority

REGISTER